三农热点面对面丛书

科学认知　放心消费

——农产品消费安全面对面

崔野韩　王富华　编著

中国农业出版社

图书在版编目（CIP）数据

科学认知　放心消费：农产品消费安全面对面 / 崔野韩，王富华编著．—北京：中国农业出版社，2011.10

（三农热点面对面丛书）

ISBN 978-7-109-16096-5

Ⅰ.①科…　Ⅱ.①崔…　②王…　Ⅲ.①农产品-质量管理-中国　Ⅳ.①F326.5

中国版本图书馆 CIP 数据核字（2011）第 188895 号

中国农业出版社出版

（北京市朝阳区农展馆北路 2 号）

（邮政编码 100125）

责任编辑　舒　薇

中国农业出版社印刷厂印刷　　新华书店北京发行所发行

2011 年 11 月第 1 版　　2011 年 11 月北京第 1 次印刷

开本：850mm×1168mm　1/32　　印张：6.875

字数：108 千字　　印数：1～5 000 册

定价：25.00 元

出 版 说 明

“三农”问题是党和国家工作的重中之重，在不同时期表现出不同的热点难点。围绕这些热点难点，自 2004 年以来，党中央连续发布了 8 个“三农”问题的一号文件，不断推动“三农”工作。

当前“三农”热点难点问题主要有：如何推进农业现代化，如何加快新农村建设，如何统筹城乡发展，如何发展现代农业，如何加快农村基础设施建设和公共服务，如何拓宽农民增收渠道，如何完善农村发展的体制机制以及农民工转移就业、农村生态安全、农产品质量安全，等等。这些问题是一个复杂的社会问题，解决“三农”问题需要社会各界的共同努力。中国农业出版社积极响应党中央和农业部号召，围绕中心、服务大局，立足“三农”发展现实需求，围绕“三农”热点难点问题，坚持“三贴近”原则，面向基层农业行政、科技推广、乡村干部和广大农民，组织专家撰写了《三农热点面对面丛书》。

本丛书紧密联系我国农业、农村形势的新变

化，重点围绕发展现代农业和推进社会主义新农村建设，对当前农民和农村干部普遍关注的党的强农惠农政策、农业生产、乡村管理、农民增收和社会保障以及新技术应用等热点难点问题，采用专家与读者面对面交流的形式，理论联系实际，进行深入浅出的回答，观点准确、说理透彻，文字生动、事例鲜活，图文并茂、通俗易懂，具有较强的针对性和说服力。在运作方式上，根据理论联系实际的要求，针对“三农”问题的阶段性特点，分期分批组织实施。丛书突出科学性、针对性、实用性，力求用新技术、新观点、新形式，达到“贴近农业实际、贴近农村生活、贴近农民群众”的要求。

本丛书是广大基层干部、农民和农业院校师生学习和了解理论和形势政策的重要辅助材料，也是社会各界了解“三农”问题的重要窗口。希望本丛书的出版对推动“三农”工作的开展和“三农”问题的研究提供有力的智力支持，也希望广大读者提出好的意见和建议，以便我们更好地改进工作，服务“三农”。

2011年6月

前言

从多宝鱼中的硝基呋喃、鸭蛋中的苏丹红到奶粉中的三聚氰胺，从“高毒农药”到“瘦肉精”，近年来随着人们生活水平的不断提高，对农产品质量安全水平也提出了更高的要求，社会公众对此高度关注。农产品质量安全“事件”或问题也不断见诸媒体，或真或假、或虚或实，在餐桌、书桌、会议桌上，老百姓和学者都关注着同样的问题：我国农产品质量安全到底有没有问题？生产出的农产品质量安全有保障吗？能够放心消费吗？……作为长期从事农产品质量安全技术工作的科技人员，编者就这些问题进行了深入调研与思考。我们认为，我国农产品质量安全虽然存在这样或那样的隐患，但并不像当前社会中流传的那么危言耸听。产生这种恐惧心理的主要原因是广大消费者缺乏对农产品质量安全科学认知、客观对待以及安全消费的基本知识。为科学、客观、通俗地解答这些问题，本书借鉴已有研究成果和专家意见，结合编者的工作经验，从“科学认知　放心消费”入手，用通俗易懂的语言和面对面讨论问答的方式向广大消费者介绍我国农产品质量安全现状、农产品中主要污染物及其危害、农产品质量安全标准制定与实施、农产品质量安全检测技术及应用、“三品一标”现状等基本知识。希望读者通过阅读本书，增加对农产品质量安全的科学认识，增强理性消费信心。

本书是应中国农业出版社的约稿而编写，由农业部科技发展中心整体策划并组织广东省农业科学院农产品质量安全与标准研究中心相关人员编写，崔野韩、王富华负责整体构思和框架确定，王旭、孙芳芳、杨慧、万凯、李丽分别撰写第一篇至第五篇，杨明升、王艳、刘鹏程、王为民参与部分篇的审校，崔野韩、王富华负责统稿。由于编者水平有限，加之时间仓促，书中难免有遗漏甚至错误之处，敬请读者批评指正。

本书在编写过程中得到了农业部农产品质量安全领域领导、专家的指导，部分资料引自新华网、人民网、中国农业信息网、相关报刊杂志以及部分专家的观点，在此一并感谢！

编　者

2011 年 7 月

CONTENTS 目录

第五篇 农产品质量安全认证

第一篇 我国农产品总体上是可以保证消费安全的

三农热点面对面丛书

一、科学认识“农产品质量安全”

——农产品质量安全是一个相对概念

1. 何为农产品质量安全？

《中华人民共和国农产品质量安全法》第一章第二条规定“农产品，是指来源于农业的初级产品，即在农业活动中获得的植物、动物、微生物及其产品。农产品质量安全，是指农产品质量符合保障人的健康、安全的要求。”质量与安全既相互联系，又有严格区别，两者缺一不可。质量是满足人们基本需要的程度，安全则强调可能对人体造成的危害程度，侧重人们的身体健康。因此，农产品质量既包括涉及人体健康、安全的质量要求，也包括涉及产品的营养成分、口感、色香味等非安全性的一般质量指标。安全的农产品，是指农产品中不应含有可能损害或威胁人体健康的因素，不应导致消费者急性或慢性毒害，或感染疾病，或产生危及消费者及其后代健康的隐患。农产品来源于动物和植物，受各种污染的机会很多，其污染的方式、来源及途径是多方面的，在生产、加工、运输、贮藏、销售、烹饪等各个环节均可能出现污染。因此，农产品质量安全不仅仅局限于微生物污染、生物毒素、化学物质残留及物理危害，还包括如营养、食品质量、标签及安全教育等问题。目前我国农产品质量安全存在的主要问题，大致包括兽药或农药残留超标、动物疫病、环境因素造成的有毒有害物质超标及人为的掺杂使假等几个方面。

2. 农产品质量安全事件“燃点”低

据有关部门公布的情况看，我国2010年蔬菜、畜产品、水产品检测的合格率都在96%以上，而老百姓却感叹“还有什么敢吃的”？实际的情况与大家的感觉为何会有这样的落差？

首先，食品安全领域的确存在不少问题，新闻媒体、互联网也多有报道和反映。总体来看，这些报道可以分为两类，一些是客观反映存在的问题，如瘦肉精、染色馒头等；还有的则是夸大其词或没有事实依据，如对圣元奶粉、皮革奶、牛肉膏等问题的报道，最后经核查属夸大或不实。这样的一些报道短时期内集中出现，容易产生放大效应，群众看了以后往往都会信以为真、焦虑担忧，也自然会有“还有什么敢吃的”的想法。

其次，食品安全直接关系人的身体健康，人人关心，“燃点”很低。人们看到形形色色、或真或假的信息，对食品安全存在担忧是可以理解的。但是应当看到，我国当前的食品安全总体上是有保障的，这么说绝不是掩盖矛盾、粉饰太平。全国13亿多人口每天消耗200万吨粮食、蔬菜、肉类等食品，共有食品生产企业40多万家、食品经营主体323万家、餐饮单位210万家、农牧渔民2亿多户，小作坊、小摊贩、小餐饮更是数量巨大。食品安全事件虽时有发生，但与如此庞大的食品及生产经营者规模相比，所占比例是很小的，食品安全形势总体是稳定的。如果把一些点上的、个别的问题串起来，说成是整体性、普遍性的问题，是不准确、不客观的。事实上，世界卫生组织、联合国粮农组织等国际机构都对我国在食品安全方面取得的成就给予高度评价。我国国民人均期望寿命值越来越高，已超过73岁，居发展中国家前列，一些地区甚至达到发达国家水平，这在相当程度上也要归功于我国食品保障和安全水平的不断提高。如果食品安全状况很差、大范围食源性疾病频发，是很难取得这一成就的。

农产品质量安全问题令世人关注，是热点问题，也是敏感问题，有误区也有误导和误解。消费者、主管部门和农产品生产者，应该是互相依存、互相制

约、互相信任、互相促进的关系。如果互相指责、互不信任，问题的解决将越加艰难。因而，主管部门在全力抓好农产品质量安全监管各项工作的同时，还需进一步加大农产品质量安全科普宣教工作力度，一方面要大力提高全社会识假辨假、防范风险的能力，另一方面也要及时澄清不实传言，消除不必要的疑虑。消费者也不应草木皆兵，以偏概全，因噎废食，应科学、客观认识当前的农产品质量安全形势。

专家告诉您

没有人能保证农产品质量安全零风险！——任何事情都没有零风险，农产品质量安全也不例外

中国工程院院士、中国疾病预防控制中心营养与食品安全研究所研究员陈君石说：人们对食品安全的认识存在误解，世界卫生组织对食品安全的定义包括两个方面，一是有毒有害物质，二是对人体健康有影响，只有这两个方面同时存在，才能说出现了食品安全问题。就拿“苏丹红”来说，它作为一种工业染料，是不允许在食品中应用的，苏丹红事件本质上不是食品安全问题，而是冒假伪劣问题。对于鸭蛋中发现了苏丹红，政府部门应该依法对当事企业严加惩处，当事企业必须立即召回添加了苏丹红的食品。至于苏丹红对人体健康究竟有多少影响？世界卫生组织癌症研究中心的报告将致癌物分为三级：一级为认定人类致癌物，二级为可疑人类致癌物，三级为动物致癌物。苏丹红属于三级，即动物致癌物。而根据摄入量来看，一般人通过食用摄入了苏丹红的鸭蛋远没有达到致癌的程度，所以即便是已经误食，也不必过于恐慌。

任何事情没有零风险，乘车、乘飞机有风险，消费者能够接受，但在食品安全方面却一点风险都接受不了，这样的心理虽然可以理解，但是从科学的角度上看并不正确，因为世界上没有零风险的食品。就目前而言，科学家和企业仅仅能将风险降低到一定的水平，远远达不到100%的安全。其实，近几年我国的食品安全问题已经得到了政府有关部门的高度重视，一方面加强了食品安全法规和标准的制定以及对食品安全的监管，另一方面加强了对食品安全科技的投入。食品安全总的状况应该说正在逐年改善。(摘自人民网)

二、真的什么都不能吃了？

——盲目相信传言只会给自己带来无谓的困扰

3. 我国农产品质量安全总体放心

“红心蛋”、“多宝鱼”、“三聚氰胺”、“毒豇豆”等，各类媒体频繁出现这些触目惊心的报道，致使很多消费者对食用农产品的质量安全缺乏信心。农产品质量安全牵动人心，越来越成为公众关注的热点。客观上来讲，我国农产品质量安全状况总体上来说是好的。政府把保障农产品质量安全视为关系人民群众切身利益、关系社会和谐稳定、关系我国社会主义现代化建设全局的重大任务。近些年农业部等有关政府部门在农产品质量安全监管方面采取了一系列有效措施，如大力推广应用标准化生产技术、开展生产环境的监测监控、加强对农药等生产资料使用的监管、实施农产品质量安全监督抽查、实行市场准入制度和强化农产品质量安全责任制等，有效地控制

了源头的污染，使农产品质量安全水平大幅度提高。以2010年为例，农业部在全国范围内开展了4次农产品质量安全例行监测，共监测了6个大类农产品、101个农产品品种、86个安全参数、38 562个抽检样品。监测结果显示，蔬菜、畜禽和水产品质量安全总体合格率达到96.8%、99.6%和96.7%，在2009年的基础上稳中有升，连续两年保持在96%以上。

当然由于我国目前有近2.5亿个农户，这在客观上给农产品质量安全监管带来了很大难度，不可避免地存在一些安全上的隐患甚至个案的发生，这些问题各级监管部门正着力研究解决

办法，相信有关事件将会得到有效遏制。同时需要提醒消费者农产品质量安全问题不是我国独有的，是一个全球性的问题，发达国家农产品质量安全合格率也不可能达到100%，2011年6月报道的欧盟“毒豆芽”等事件就说明了这点。还有就是要客观的看待有关事件的报道，对于一些极个别的案例不要盲目地跟信，例如有人说西瓜爆炸还发臭，其实可能是存放过程中，西瓜内部产生气体，外部碰撞导致开裂甚至溅出浆液。

专家告诉您

我们还能吃什么？——不是没有什么可以吃，而是食物要多样化

自从“苏丹红咸鸭蛋”、“孔雀石绿桂花鱼”、“药物残留多宝鱼”等事件曝光后，不少百姓为“现在还能吃什么”而焦虑，中国工程院院士、中国疾病预防控制中心营养与食品安全所研究员陈君石说：公众对食品安全问题的重视，反应了人们对生活质量的更高要求。但另一方面，在专业知识方面，科学家和老百姓之间缺少交流的渠道，人们所有的信息几乎都是从媒体上获得的。媒体能够把一些负面的东西曝光出来予以警示，提醒广大的消费者更好地保护自己的权益，这体现了媒体的社会责任，这个没有问题，问题是媒体在表达上一定要非常地准确、严谨。不要动不动给食物扣上“致癌”、“有毒”、“还能吃什么”等帽子来炒作。对于消费者来说，最关键的应该是要懂得自我保护。在《中国居民膳食营养指南》里，第一条就是食物多样化。在饮食上注意多样化，就可以避免一些食品安全上的风险，毕竟每样食品都受到污染的几率微乎其微。其次是应该掌握一些基本的食品安全知识，并要严格按照食品标识的要求来消费，如在冰箱里储存食品，一定不要超出食品标识上规定的时限。另外就是尽量不要选择那些安全没有保障的地方去购买食品。

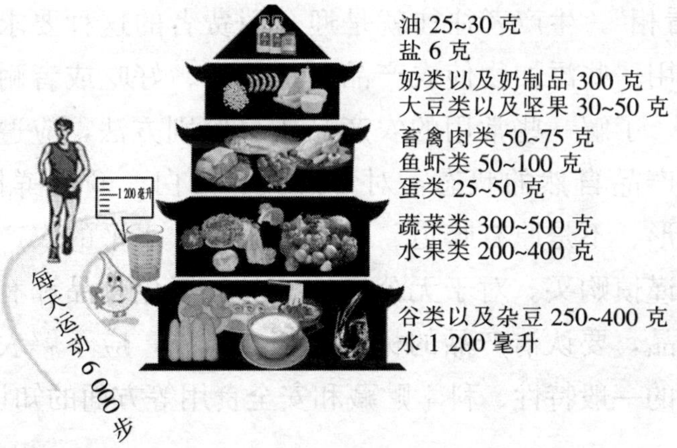

膳食营养平衡宝塔

4. 在选购农产品过程中应该注意什么？

我国近年来推行了农产品质量安全市场准入制度，要求只有符合要求的农产品才能上市销售。大型批发市场、超市及大型农贸市场所出售的农产品会接受严格的检测和监督，在以上地点购买的农产品在质量安全上会更加有保证。同时，根据历年的抽查检测结果显示，超市农产品质量安全抽检合格率要高于农贸市场，消费者应尽量避免到小摊贩那里购买农产品。即使附近没有大型超市和农贸市场，也应到定点的市场去购买，便于农产品溯源。

在购买农产品时，不要一味追求农产品本身的“看相”，生产者往往就是迎合消费者的这种要求才使用一些添加物使农产品更加好看、好吃或者耐贮藏。了解一些常用的农产品质量鉴别方法，应遵循农产品自然的状态，对于过大、过白、颜色鲜艳、畸形、不是原有味道、价格低于正常水平的农产品应谨慎购买。对于无公害农产品、绿色食品和有机食品，要认清产品的标签标识。另外，应了解农产品的一般特性、科学贮藏和安全食用等方面的知识。

三、他山之石 3 可以攻玉

——放眼国际看农产品质量安全

5. 国外的农产品就一定安全吗?

发达国家对农产品质量安全的重视比较早，对于农产品质量安全的管理，主要表现在:

(1) 协调统一的监管机构。

美国、欧洲等发达国家对食品安全管理都有较为明确的管理主体及其分工，尽管各国具体情况有差异，但都注意发挥国家食品质量安全管理体系行业主管部门的主导作用，加强各部门之间的协调是食品安全管理体制改革的核心。

(2) 完善的法规和标准体系。

欧盟各国家在食品质量管理方面都有比较完善的法律、法规和标准。标准分为强制类和非强制类两种，前者以立法形式出现，必须严格遵守；后者则由政府委托标准制定机构或由行业协会制定和管理，由社会自愿采用。

（3）严格的产品质量检验与监督体系。

欧盟各国根据欧盟及本国的法律法规，对食品实行严格的市场准入和监督。其主要措施之一，就是依靠农业行政主管部门，按行政区划和食品类型设立的全国性、综合性和专业性检测机构来实施执法监督。根据食品市场准入和市场监管的需要，设有按农产品品种划分的全国性专业机构和按区域划分的大区性农产品质量监测机构。各州也根据需要，设有州级食品质量监测机构，主要负责食品生产过程中的产品质量安全监测和产地环境条件监测。

（4）系统的产品质量认证体系。

各发达国家除对最终产品进行质量安全认证外，还普遍在蔬菜生产和加工企业推行食品安全卫生质量认证系统。目前主要的认证系统有危害分析及关键控制点 HACCP 认证、良好操作规范认证两种。这些认证在国际受到了极高的认同，许多国家纷纷采取自愿或者强制性的手段要求本国蔬菜生产企业实行，这些认证同时也成为各国蔬菜突破贸易壁垒增强竞争力的国际通行证。

（5）高效的食品安全信息服务体系和快速预警管理系统。

近年来，国外非常重视安全的消费和健康的生活，许多国家政府部门已经建立了相对比较完善的安全信息体系，构成安全农产品管理的不可或缺的有机组成部分。

发达国家虽然农产品质量安全法律法规更加完善、管理模式更加合理、管理措施更加先进，但是同样有许多农产品质量安全问题，如英国1967年就开始爆发口蹄疫事件，直接损失1.5亿英镑，农业产值的下降曾使整个国内生产总值减少0.1%。1981年和2001年，口蹄疫再次爆发，2001年英国第一季度全国旅游业收入同比下降10%，受口蹄疫影响，最大的几个郡的旅游收入下降了80%以上。到9月份口蹄疫使英国旅游业蒙受50亿英镑（约72亿美元）的损失。2001年6月日本“雪印牛奶中毒”事件使奶制品王牌“雪印乳业”一夜间名誉扫地。2006年9月美国受大肠杆菌感染的菠菜波及20个州。发达国家的农产品质量安全问题不仅发生在过去，现在也时有发生，2010年5月日本宫崎县发生的口蹄疫疫情“是发达国家近10年来最为严重的疫情”，规模仅次于2001年英国的口蹄疫疫情。2011年5月发生在德国的肠出血性大肠杆菌污染芽苗菜事件已经在瑞典、丹麦、英国和荷兰等多个国家蔓延，其中德国死亡14人，约千人被感染。事实证明，发达国家的农产品也不一定就安全，只是我们的敏感度和关注度没有那么高。

6. 国外是如何从法律上保障农产品质量安全的?

目前，主要发达国家尚没有一部专门规范农产品质量安全的法律或法规，而是通过制定多部法律、法规和规章来对农产品生产的不同方面、不同环节来进行管理。首先，国外农产品质量安全立法具有层级性。除了由议会通过法律来对农产品质量安全管理做出原则性规定外，大量法律条文的细化和技术性规定都授权行政机关以法令和条例的形式作出。其次，同一层级的农产品质量安全立法具有多样性，分别调整农产品质量安全管理的不同方面。这些立法大致可以分为两种情形：一种是在一些综合性法律中通过对食品、农业投入品、包装和标签的调整，直接或间接地规范农产品质量安全。这些法律如英国的《1990年食品安全法》主要调整食品的质量和标准，禁止生产、销售不符合食品安全要求的食品等；另一种就是在单一性法律中专门就农产品（或农业投入品）的某一种类或某一环节的质量安全问题做出规定，如英国的《动物防疫法》，加拿大的《有害物控制产品法》、《饲料法》、《肥料法》、《种子法》、《植物育种者权利法》、《肉类监督法》、《渔业监督法》、《动物防疫法》等法律，上述不同层级、不同方面的农产品质量安全管理立法互相配合而又各有侧重，形成比较严密的农产品质量安全管理法规体系，为农产品质量安全管理提供了充分的法律依据。

7. 农产品质量安全管理能给一个固定模式吗？

农产品质量安全管理没有单一固定的模式，各个国家的体制和国情不同，所采用的模式各异，综合分析发达国家农产品质量安全管理体制，大致有以下三种模式：

一是主要由农业部门来负责。采取这一模式的典型国家是加拿大。加拿大的食品安全监督管理工作原来分属农业和农业食品部、渔业和海洋部、卫生部和工业部等部门，这种分散的管理体制带来了职能冲突和效率低下等问题。因此，1997 年 3 月，加拿大议会通过了《加拿大食品检验署法》，决定在农业部之下设立一个专门的食品安全监管机构——加拿大食品检验署，统一负责加拿大食品安全、动物健康和植物保护的监督管理工作。加拿大食品检验署负责农业投入品监管、产地检查、动植物和食品及其包装检疫、药残监控、加工设施检查和标签检查，真正实现了“从农田到餐桌”的全程管理。德国于 2001 年初将原由卫生部负责的食品安全管理职能交由新成立的消费者保护、食品和农业部负责。

其他有关部门（主要是卫生部门）依法应在自己的职责范围内配合农业部门的农产品质量安全管理工作。

二是成立专门的食品安全监督机构。这一模式以欧盟国家为代表，在英国，依据《1990年食品安全法》的规定，食品安全监管职能在中央原来属于农业渔业及食品部，1999年11月，英国议会通过《1999年食品标准法》，决定成立一个独立的食品安全监督机构——食品标准局。该局代表英女王履行职能，并向英国议会报告工作。在英国，食品安全的具体执法工作主要由499个地方政府承担。环境、食品和农村事务部在新的体制下仍然负责兽药和农药的欧盟监控项目，并在上述领域作为执法机关，交易标准、园艺标准和酒类标准除零售环节之外的执法工作也由环境、食品和农村事务部负责。

三是多个部门共同负责。这种模式以美国为代表，美国负责食品安全的机构主要包括3个部门：农业部、卫生和公共事业部及环境保护署。农业部主要负责肉类、家禽及相关产品，以及蛋类加工产品的监管；卫生和公共事业部负责其他食品、瓶装水、酒精含量低于7%的葡萄酒饮料的监管；环境保护署则主要监管饮用水和杀虫剂。此外，美国商业部、财政部和联邦贸易委员会也不同程度地承担了对食品安全的监管职能。在美国这种多部门管理的模式下，农业部的管理环节也涵盖了其管理的农产品（肉、禽、蛋）的生产、加工、销售乃至进口环节，如为生产、加工厂商制定生产标准并进行检查、采样分析、要求生产厂商召回不安全的产品、对向美国出口肉类和家禽产品的出口厂商进行检查等。由于美国的食品安全监督管理由多个部门负责，因而其特别强调团队管理的方法，强调各机构间的协调和配合。1998 年，美国先后成立了“食品传染疾病发生反应协调组”和总统食品安全委员会，以加强各食品安全机构之间的协调与联络。

8. 你知道发达国家农产品质量安全管理的措施吗？

根据现有资料可以发现，发达国家在农产品质量安全管理方面主要采取了以下措施：

一是制定完善标准。制定食品安全标准并予以强制执行被认为是政府在食品安全监管中首要的和最广泛的职能。这些标准既包括对掺杂、掺假食品的一般禁令，也包括对食品中不同化学残留容许量的具体限制；既包括对产品本身的标准规定，也包括对加工操作规程标准的规定。

二是建立检验检测体系。英、美等国的有关法律都规定主管部长可任命分析员负责检验检测工作。《加拿大农产品法》第 14 条更是明确规定农业部长可认可有关实验室承担检验、分级、试验等工作。

三是加强监督检查。这是农产品质量安全监管的最主要和最经常的手段，目的在于确保有关法令、标准得到严格遵守。英国、美国、加拿大等国有关法律均授权监管机关可对农产品的生产、加工和销售场所进行检查，并规定检查人员有权检查、复制和扣押有关记录，并可取样分析。对于检查中发现的违法农产品，监管机关可以采取查封、扣押和禁止移动、禁止销售等强制措施。

四是规定严厉的法律责任。在英国、美国、加拿大等国，农产品质量安全的违法者不仅要承担对于受害者的民事赔偿责任，而且还要受到行政乃至刑事制裁。这些制裁措施除罚款外，主要还有没收和销毁违法产品、责令停产停业和吊销营业执照等，违法情节严重的，还可能被判处监禁。英国《1990年食品安全法》还规定因销毁不合格食品而产生的费用由食品的所有者承担。

五是及时向公众公布农产品质量安全的有关情况，提出有关建议，开展多种形式的教育活动。发达国家十分重视公众的知情权，在农产品质量安全方面也不例外。英国《1999年食品标准法》就规定食品标准局对其观测所获得的任何信息，除依法不得公开的外，可向公众公布；同时，还可就有关食品安全和食品方面的消费者利益问题向公众提供建议。这种制度不仅有效保护了公众的生命健康，而且在客观上也导致了违法者商誉下降，其产品难以销售，不啻是另一种形式的惩罚。美国将每年9月确定为全国食品安全教育月，以加强对食品服务人员的食品安全训练和公众正确处理食品的教育；并建立了全国食品安全信息网络，向公众提供食品安全信息，从而提高了公众的食品安全意识，减少了食品安全事故的出现。

六是组织、支持和鼓励食品安全方面的科研和合作。当前的很多食品安全问题需要通过强大的科研力量、有效的控制措施和食物链中种植者、饲养者、加工者、销售者直至消费者间的充分合作来解决。政府在这些方面具有天然优势，也应当发挥主导作用。加拿大食品检验署就拥有22个实验和研究机构，负责提供科学咨询、发展新技术、提供检测服务和进行研究。

此外，发达国家还十分注意发挥农产品生产者、加工者和销售者及其联合组织在提升农产品质量安全水平方面的作用。如美国农业部下属的食品安全检验署就与生产者等合作，制定并执行在动物饲养和运输中所采取的自愿性食品安全措施，以降低肉类和禽类产品遭受有害物污染的风险。荷兰的范德利集团以生产牛肉著称，该集团以“公司＋农户”的方式来进行牛肉加工。农户所饲养的肉牛由该公司统一提供、统一回收。每头牛都建有专门的档案，记录其饲养情况。在饲养期内，公司还要派专门的技术人员对饲养情况进行检查、指导。在加工屠宰以至销售环节，每块牛肉也都有其档案。农产品生产者、加工者和销售者的自律机制减轻了政府的监管压力，便利了农产品质量安全管理工作的开展。

四、知彼知己 诊断我国农产品质量安全

——大市场小农户的现象是我国农产品质量安全监管的瓶颈

9. 我国农产品质量安全问题在哪里？

综合分析我国农产品质量安全，归纳起来主要有以下几个方面的问题：

一是生产方式比较落后。分散的生产经营方式难以满足标准化的要求，这种状况极大地制约了我国农产品质量安全水平的进一步提升。此外，农产品质量安全技术推广力度不够，生产者科学文化水平不高、质量安全意识淡薄。

二是化肥、农药等投入品的不合理使用。我国在过去50多年的农业发展中，农业化学投入品的数量急剧增长，其中有的还是国家已明令禁止的，这些物质残留对消费者健康有很大影响。另外农产品生产、加工中滥用化学添加剂，导致食物中毒现象时有发生。一些生产者为争取果蔬早上市大量使用

植物促生长剂、滥施化学剂，使农产品质量下降，造成水果、蔬菜口感较差，有的还含有对人体有害的成分。

三是对潜在危害成分的检测技术储备不足。在多个农产品质量安全问题事件中也不难发现，很多问题是被暴出以后采取补救措施，对于潜在的危害成分的检测技术储备比较少。如蔬菜水果中膨大剂等植物激素引起了一些相关工作者的关注，但至今没有成熟的检测方法。

四是风险评估刚刚起步。风险评估是世界贸易组织（WTO）和国际食品法典委员会（CAC）用于制定农产品质量安全标准的必要技术措施，也是评估农产品质量安全的有效技术措施。而我国目前农产品质量安全管理与国际不接轨的主要原因之一就是没有广泛采用风险评估，特别是对化学性和生物性危害的暴露评估和定量风险评估。

五是标准化生产技术普及率不高。我国大农业小农户的生产模式给农业标准化生产技术的广泛推广应用增加了难度。当前实施农业标准化较好的都是大型生产基地或规模化经营企业。

六是农产品质量安全监测覆盖面较窄。相对发达国家，我们在农产品质量安全监测方面的投入比较少，限制了监测的农产品种类、数量和有害物质的类型，使问题农产品不免有些漏网之鱼，使生产经营者有机可乘。尤其是在我国这种大市场小农户的国情下，有时候一批产品是由多个农户生产出来的，其质量安全状况也是良莠不齐。

10. 农产品质量安全不好管，原因何在？

近期我国农产品质量安全事件频频有报道，广大群众反映强烈，我们的农产品质量安全工作尚有不少亟待完善、提高之处。究其原因主要有以下几种：

一是传统生产观念的影响，生产者质量安全意识偏低。我国农产品质量安全工作起步较晚，生产者的质量安全意识还没有跟上来。过去由于长期受自给自足及计划经济等的传统观念影响，生产者片面追求产量，忽视了质量，只求得“产品丰富”，而忽视了“质量提升”。

二是分散经营，生产管理水平低。我国正处于现代化、工业化的进程中，虽然农业一直保持良好的发展势头，但目前仍有2亿多农户进行分散生产，要对这些准入门槛极低的生产经营者进行高标准、严要求的统一管理，难度很大，需要一个过程。还由于不规范的使用导致的农、兽药残留量超标，抗生素、激素滥用，食品加工过程中病原微生物污染等现象。

三是其他环境污染影响。工业化的发展也带来了严重的环境污染，使得工业废水、城市污水与未妥善处理的垃圾中的有害物质进入农牧业生产环境，造成农作物、水产品和禽畜产品的污染。

四是农产品质量安全相关培训不够。近年，在宣传国家产业政策、市场经济和农产品市场准入制度及国际国内市场对农产品质量要求等方面缺乏力度，没有真正把这些政策、制度、要求落实到生产中去，生产者没有把无公害农产品的生产真正变成生产的自觉行动。

五是缺乏正面科学地引导消费观。一些媒体对食品安全事件和问题的片面或扩大化报道对公众的心理影响也很大。如乙烯利在水果催熟中是一种通用措施，经过风险评估认为，合理使用将不会产生风险隐患。但往往此类事件通过媒体报道，导致消费者因噎废食。

总体上来说，保证农产品质量安全确实是一个长期而复杂的系统工程。安全是相对的，没有绝对安全，只有更加安全。

五、政府在做什么?

——政府对农产品质量安全监管十分重视

11. 面对农产品质量安全问题，政府部门在做什么?

我国政府高度重视农产品质量安全工作，在抓好农业生产确保主要农产品有效供给的同时，全面加强农产品质量安全监管工作取得了重要进展，农产品质量安全整体水平稳中有升，2011 年第一季度蔬菜、畜产品、水产品检测合格率分别达到 96.8%，99.6%和 96.7%，生鲜乳三聚氰胺检测合格率保持在 100%。近年来主要在以下几个方面加大了工作推进力度。

一是推进法制建设。我国相继颁布了《中华人民共和国农产品质量安全法》、《食品安全法》、《乳品安全监督管理条例》等法律法规，农业部依法相继配套制定了《农产品产地安全管理办法》、《农产品包装标识管理办法》、《农产品质量安全检测机构考核办法》等部门规章，对41种农药、47种兽药和多种饲料添加剂实行了禁限用，同时根据法律法规和农产品质量安全管理需要，组织制定了农业国家标准、行业标准和质量控制技术规范，各地结合本地实际也陆续配套制定了相应的地方性法规。

二是实施专项整治。针对农产品质量安全突出问题，近年来，农业部先后启动实施了“无公害食品行动计划”、“农产品质量安全专项整治”、“保质量、保安全，做奥运保障行动”、“奶站和饲料专项整治”、“农产品质量安全整治执法年”等活动，同时会同相关执法部门联合开展了以源头治理为着力点的打假专项行动，通过实施专项行动和整治活动，有效遏制了农产品质量安全事故的发生，严厉打击了农产品生产过程中的违法违规行为，强有力地保障了农产品生产安全和消费安全。

三是强化执法检测。从2001年以来，农业部建立了以农产品、农业投入品为重点的全国性监测制度，全面实施了农产品质量安全普查和监督抽查及农兽药残留物监控、水产品监控、饲料添加剂监控等计划，形成了涵盖全国主要城市、涉及主要农产品的农产品质量安全监测网络。从2006年开始，国家启动实施了全国农产品质量安全检验检测体系建设规划，投资建设1个部级研究中心，42个部级专业性质检中心，15个部级区域性质检中心，37个省、自治区、直辖市（计划单列市、新疆生产建设兵团）级综合性质检中心以及1 200个县级质检站。

四是推行标准化生产。近年来，农业部开展了“菜篮子”产品创建活动，规划建设819个作物标准源，1 555个畜禽规模化养殖小区，500个水产品健康养殖产品，在全国引导创建了504个国家级农业标准化示范县和示范场，加强发展无公害农产品、绿色食品、有机农产品和农产品地理标志（简称“三品一标”）。目前已经获得“三品一标”认证的产品超过8万个，认定的产地占使用农产品产地总面积的30%。与此同时，各地大力发展农业产业化经营，积极推广公司、基地、农户相结合的生产经营模式，依托龙头企业、农民专业合作组织等市场主体，带动农业标准化生产。

另外，政府提出了“十二五”的要求：加快转变农业发展方式，遵循高产、优质、高效、生态、安全的发展思路，把农产品质量安全作为现代农业建设的关键环节和重要内容，坚持标本兼治、全程控制的原则，一手抓执法监督，一手抓农业标准化生产，持续提升农产品质量安全水平，努力确保不发生重大农产品质量安全事件，让广大老百姓吃的安全，吃的放心。

12. 我国农产品质量安全监管取得了哪些成效？

近年来，我国政府高度重视农产品质量安全监管工作，已经取得了较好成效。主要体现在以下几个方面：

从投入品环节看，农产品源头污染得到有效遏制。近年来，农业部加强了农业投入品监管工作，相继对 86 种农药、兽药、渔药做出了禁止使用规定，对 32 种做出了限制使用规定，禁止使用 5 种高毒农药。同时，在全国范围联合开展了多次大规模的农资打假护农工作，初步建立了假劣农资问题“预防—发现—监管—解决”机制，农资市场秩序逐步好转，农业投入品质量得到有效改善。

从生产环节看，农业生产的标准化程度显著提高。几年来，农业部共组织创建了全国农业标准化生产综合示范区、标准化生产示范农场、无公害农产品（种植业）生产示范基地县、出口示范基地、无规定动物疫病区 539 个。各地农业标准化生产示范基地建设呈现蓬勃发展的态势，共建设各类省级农业标准化示范区近 3 500 个，示范面积 8 000 万亩*。示范地区由中东部经济发达地区延伸到西部地

* 亩为非法定计量单位，1 亩＝667 米^2。——编者注

区，示范品种也由传统的粮油、蔬菜、茶叶、水产品等出口创汇产品扩展至苹果、柑橘、牛羊肉等优势农产品。

从监管环节看，农产品质量安全监管能力稳步提升。

一是积极制修订相关法律法规，农产品质量安全监管法律法规体系得到完善。近年来，农业部积极会同有关部门制定和修订了《农产品质量安全法》、《农业法》、《农药管理条例》、《兽药管理条例》、《饲料和饲料添加剂管理条例》等相关法律法规。

二是标准制修订进程加快，全国农产品质量标准体系框架形成。1999 年，农业部、财政部启动实施了“农业行业标准制修订专项计划”，以农产品质量安全标准为重点的农业标准体系逐步健全。截至 2010 年底，农业部共组织制定农业国家和行业标准 4 800 多项。仅近 10 年制定的农业标准就是新中国成立之后 50 年农业标准总数的近 3 倍。目前的农业标准已基本能涵盖我国主要农产品生产管理全过程，已基本建立起以农业国家标准为龙头、农业行业标准为主体、地方农业标准为基础、企业标准为补充的全国农产品质量标准体系框架。

三是质检队伍逐步壮大，检验检测体系愈加完善。截至目前，获得资质并正式对外开展工作的部级（含国家级）质检中心 285 个，省级 105 个，地市级 489 个，县级 1 356 个，基本形成了部、省、地、县配套，互为补充，常规检验与快速检验相结合的农产品质量安全检验检测体系。

四是认定认证规模不断扩大，认证体系明显加强。农业部已经认证的无公害农产品、绿色食品和有机农产品 27 000 多个，认定无公害产地 21 000 多个，无公害农产品、绿色食品、有机农产品“三位一体、整体推进”的格局不断健全。

从贸易方面看，农产品市场竞争力逐步增强。目前，我国出口的初级农产品和加工品的原材料大多通过绿色食品、有机农产品或无公害农产品质量认证，加工出口企业也大多获得了相应的质量体系认证或进口方的质量评价认可。2001—2005 年，绿色食品出口以年均 40%以上的速度增长，年出口规模从 2001 年的 4 亿美元增加到 2005 年的 16.2 亿美元，增长了 3 倍多；绿色食品出口的比重也由 6.5%提高到 13.1%。从国内市场看，无公害农产品、绿色食品和有机农产品已成为极具市场影响力的农产品知名品牌，农产品市场竞争力逐步增强。

从宣传方面看，农产品质量安全意识逐步提高。农业部门通过印发宣传品、设立公示牌、在报刊设宣传专题、在电视设专题讲座、送科技下乡、巡回咨询等方式，组织形式多样、生动活泼的宣传活动，集中宣传农资相关法律法规，普及农资识假辨假常识。同时，各地也大力开展农产品质量安全生产技术培训工作，提高了全社会的质量安全意识，为农产品质量安全工作创造了良好的舆论氛围。

小贴士

《中华人民共和国农产品质量安全法》规定不能销售的农产品

《中华人民共和国农产品质量安全法》第三十三条规定，有下列情形之一的农产品，不得销售：⑴ 含有国家禁止使用的农药、兽药或者其他化学物质的；⑵ 农药、兽药等化学物质残留或者含有的重金属等有毒有害物质不符合农产品质量安全标准的；⑶ 含有的致病性寄生虫、微生物或者生物毒素不符合农产品质量安全标准的；⑷ 使用的保鲜剂、防腐剂、添加剂等材料不符合国家有关强制性的技术规范的；⑸ 其他不符合农产品质量安全标准的。如果销售以上农产品就违反了《中华人民共和国农产品质量安全法》。

小贴士

《中华人民共和国农产品质量安全法》对农产品的包装标识的规定

《中华人民共和国农产品质量安全法》对农产品的包装标识的规定如下：(1) 农产品生产企业、农民专业合作经济组织以及从事农产品收购的单位或者个人销售的农产品，按照规定应当包装或者附加标识的，须经包装或者附加标识后方可销售。包装物或者标识上应当按照规定标明产品的品名、产地、生产者、生产日期、保质期、产品质量等级等内容；使用添加剂的，还应当按照规定标明添加剂的名称。具体办法由国务院农业行政主管部门制定。(2) 农产品在包装、保鲜、贮存、运输中所使用的保鲜剂、防腐剂、添加剂等材料，应当符合国家有关强制性的技术规范。(3) 属于农业转基因生物的农产品，应当按照农业转基因生物安全管理的有关规定进行标识。(4) 依法需要实施检疫的动植物及其产品，应当附具检疫合格标志、检疫合格证明。(5) 销售的农产品必须符合农产品质量安全标准，生产者可以申请使用无公害农产品标志。农产品质量符合国家规定的有关优质农产品标准的，生产者可以申请使用相应的农产品质量标志。

第二篇
农产品中的主要污染物与人体健康

三农热点面对面丛书

一、是谁污染了我的餐桌？

——影响农产品质量安全的主要污染物

当前，无论是在餐桌上还是在相关工作中，随时随处都能听到人们在谈论并关注着农产品质量安全。那么到底是什么将农产品质量安全推到如此突出的位置？这里就来介绍一下引起餐桌污染的主要因素。

（1）物理性污染。

指由物理性因素对农产品质量安全产生的危害。如因在农产品收获或加工过程中的人工或机械等因素，不慎在农产品中混入有毒、有害杂质，导致农产品受到污染。此类污染可以通过规范操作加以预防。

（2）化学性污染。

指在生产、加工过程中不合理使用化学合成物质而对农产品质量安全产生的危害。如使用禁用农药或过量、过频使用农药、兽药、渔药、添加剂等造成的有毒、有害物质残留污染。此类污染可以通过标准化生产进行控制。

（3）生物性污染。

指自然界中各类生物性因子对农产品质量安全产生的危害，如致病性细菌、病毒以及毒素污染等。例如禽流感就是病毒引起的。生物性危害具有较大的不确定性，控制难度大，有些可以通过预防控制，而大多数则需要通过采取综合治理措施。

（4）环境污染。

指农产品产地环境中的污染物对农产品质量安全产生的危害。它主要包括产地环境中水、土、气的污染，如灌溉水、土壤、大气中的重金属超标等。环境污染治理难度最大，需要通过净化产地环境或调整种养品种等措施加以解决。

二、"因噎废食"要不得

——如何正确看待农药和农药残留

13. 农药残留有多"毒"?

从海南"毒"豇豆到山东"毒"韭菜，农药残留一次又一次在人们忧心忡忡的关注目光中走上舆论的风口浪尖，甚至有绿色和平组织宣称伴随着我们每天吃下去的果蔬，我们还每天饮用了一杯"农药鸡尾酒"，一时全国各地谈农药残留就色变，好像吃什么都不放心。那么，农药残留真的那么恐怖吗?农药残留对人体究竟有什么伤害?

农药残留是农药使用后，残存在植物体内、土壤和环境中的农药及其有毒代谢物。人们进食残留有农药的果蔬后，如果污染较轻、吃入数量较少时，一般不会出现明显的症状，可能会有头痛、头昏、无力、恶心、精神差等表现；当农药污染较重、进入体内的农药量较多时，会出现明显的不适，如乏力、呕吐、腹泻、肌颤、心慌等情况，严重者可能

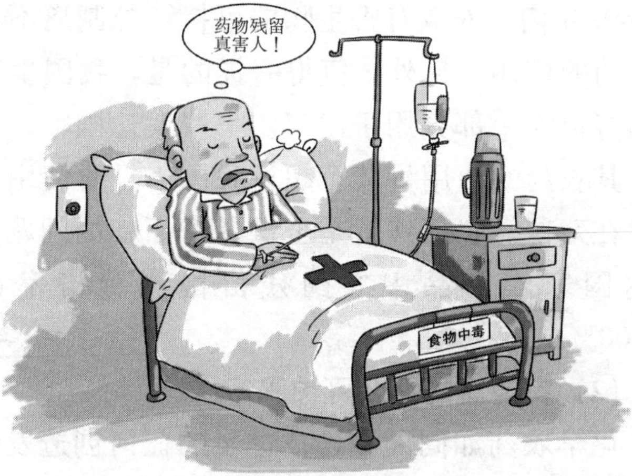

出现全身抽搐、昏迷、心力衰竭，甚至死亡。对孕妇而言，可能会影响胎儿的发育，甚至导致胎儿畸形。

（1）农药残留是中国特色吗？

农药是农业增产的重要因素，是满足人们日益增长的农产品消费需求的有力措施，是解决全世界 60 亿人口温饱的基本途径。有研究统计表明，全世界粮食因病虫、草害造成的损失，每年约达 800 亿美元。也就是说如果不使用农药，世界农产品供应将严重不足。农业有害生物的化学防治与农业防治、生物防治、物理防治等其他植保措施相比，具有适应面广、操作简易、作用快速、效果显著等优势，尤其当某种有害生物即将暴发成灾之时，化学防治往往是唯一可选择的有效措施。可以肯定，至少在30～50年内，农业有害生物的可持续控制离不开化学农药的应用。另外，值得一提的是，我国生产的农药有很大一部分用于出口。一些发达国家，如美国，其农药的使用量甚至超过我国。只要使用农药就存在残留。农药残留是全世界都面临的问题，在发达国家农产品中农药残留检测合格率也不是100%。

(2) 农药真的那么可怕吗?

化学农药如同人类科技进步的任何创造发明一样，是一把双刃剑，既有为人类造福的一面，又有种种不符合人类利益的副作用，其中最重要的副作用即是对人畜及其他有益生物的毒性。然而不能只看到其毒性副作用而全盘否定其积极正面的作用，那无异于“因噎废食”，正如不能因为交通事故早已列入人类死因前列而取缔交通工具（也不能因为有不少人触电身亡而否定电气化）。每种农药从研究合成到应用都有非常严格的审批过程，《中华人民共和国农药管理条例》就有非常明确细致的规定。要经过毒理评价（动物试验），并在申请使用的农作物中进行两年多地的残留试验。只有根据以上实验结果进行风险评估以后，确认安全使用状态下不会对人体健康造成危害，才予以登记用于作物生产。同时配套制定农药合理使用准则指导生产。只要生产者严格按照国家安全使用规定施用农药和进行农产品采收，拒绝国家禁止使用的高毒农药，就可以保证农产品食用安全。

(3) 农药残留检出或超标就是“有毒”农产品吗?

因为农药在现代农业生产中的不可或缺性，所以在农产品中检出农药残留也是不可避免的。农药残留对人类有一定的危害，因此，各国对农药的施用都进行了严格管理，并对食品中农药残留容许量做了明确规定。世界卫生组织对有毒化合物制定了ADI值（每人每日允许最大摄入量），联合国粮农组织和世界卫生组织及有些国家在毒理学数据和ADI值的基础上，制定了各种农药在不同作物上的MRL值（即食品中农药最高残留限量标准），以此来衡量农产品中农药残留是否会对人体健康构成威胁。因此，只要农药残留检出量不超过标准，对人体而言即是安全的。还要说明的是，这些限量标准只是一个“控制标准”，并不是“安全”与“有害”的分界线。安全或者有害，还与其食用量有关。比如说，一个体重60千克的人，每天吃500克含某种农药超标的蔬菜，结果“超标”了；而如果只吃200克这样的蔬菜，则可能处在“安全范围”。限量标准就像考试设的“及格线”——考了60分的人通过，考了59分的人补考，但这并不意味着得60分的人和得59分的人就有根本的差别。因此，农药残留超标只能说是会增加食用农产品损害人体健康的风险，不能轻易称之为“有毒”，消费者大可不必谈农药残留就色变。

14. 农产品生产过程中农药的使用是可以避免的吗?

有人会问：既然使用农药就可能存在农药残留，而农药残留又可能对身体产生毒害，那么是不是可以在农产品生产过程中绝对不使用农药呢?

答案是否定的。农产品生产过程施用农药是很正常的事情，这跟人病了要打针吃药治疗一样，对于农作物来说，发生了病虫害也要打药。关键是要用正确的药，正确地用药。动植物用错药，就如同人偶尔吃错药一样，也是不可能完全避免的。错了就要改，违法了就要处罚，但并不意味着有农药检出或者超标就一定产生严重的危害后果。所以，农产品生产中不可能完全避免使用农药。而且，化学农药决不是人类面对的唯一不安全因素，即使取缔化学农药也远远消除不了人体健康所受到的种种威胁。

2009年绿色和平组织以“农药鸡尾酒，你今天喝了吗?”为题报道，说在3个中国主要大城市的抽样中发现，有高达 89%的蔬菜样品中含有农药残留，含有非法农药和高毒性农药的数量则达到20%，大约 60%的样品中有 5 种不同的农药组合残留。混合性的农药有一种协同效果，它的毒性比一般的单一农药可能要大。那么我们是真的在喝“农药鸡尾酒”吗？

根据之前的分析，农药残留检出一般是不可避免的，而且由于现代分析技术的发展，极微量的都可以检出，农产品只要符合标准（哪怕是高毒农药，因为我国标准对于高毒农药的规定值比其他农药更严格），就可以放心食用，所谓“农药鸡尾酒”的宣传言过其实。农药残留检出与超标有害是两个性质截然不同的概念。随着社会科技的进步，低至十亿分之一的农药残留都能“检出”，而超过一定的限量值才叫“超标有害”。而少数媒体正是模糊这一区别混淆视听。通常来讲，在实验室中的农药毒性实验都是针对某一种农药单独进行的，几乎没有检测多种农药混合时所起的反应。理论上，同时接触多种农药可能会产生一些叠加作用，或是协同作用。一些研究显示，农药在混合时能够产生副作用或协同作用。而针对混合农药的毒理学影响至今尚无更多研究，无法有效地证实其推测的有效性。还可以用一个通俗的例子：重金属对人体有害，但地球上所有生物体中无一不含有重金属，人体和食用农产品中更不例外，能说我们时刻都在食（饮）用“重金属鸡尾酒”吗？我国经过风险评估制定了重金属在农产品中的限量值，检测合格的产品是可以放心食用的。

总的来说，我国农产品质量安全是令人放心的。2010 年，农业部组织的蔬菜等种植产品、畜产品、水产品例行监测抽样合格率都在 96%以上，但不排除个别超市及农贸市场因把关不严，造成部分不合格农产品流入市场销售的可能。那么我们不禁要问：农药残留超标的现象为何频频出现？防控措施有哪些？

那么为什么农药残留超标的现象为何时有发生呢？

农药残留超标的现象时有发生，究其原因有两点：

一是用药不规范。部分农户不按规定药量、次数、方法或安全间隔期施药，或使用了不允许应用的剧毒、高毒农药以及未经登记的农药。

二是监管不到位。目前存在农产品质量安全执法队伍不健全、基层检测能力弱、农药生产存在掺杂施假、农药销售未能全面实施专营等问题。

相关链接

其他国家农药使用和监管情况

事实上，很多发达国家的农药用量远比中国高，但他们在农药监管上有不少值得我们借鉴的地方。例如，在英国，如果菜农不经过培训，直接使用农药，就会被罚款甚至判刑。培训内容包括 13 个部分：涉及农药相关法规、施药工具、施药部位、施药时机、种子施药、气象条件对用药的影响等方面。

德国对农药管理更为细致。他们将农药划分为普通和危险等级。菜农和果农在土壤消毒、除草、杀菌等过程中，必须分别使用不同的农药和残留标准。生产者都应事先了解各种农药的使用许可。农产品采收前禁止用药，生产者必须严格执行“农药使用说明书”，以确保农产品从农田到餐桌这段时间里，农药可以被分解掉。

加拿大对农药残留的控制在西方发达国家中也属高标准、严要求。联邦环境保护署根据联邦食品检验署(CFIA)所搜集、提供的资料，向国会提交各种农药在不同农产品中的“残留限量标准”，国会审议批准后，该署颁布生效。根据规定，加拿大把农作物分为 7 大类，分别制订出不同的残留限量标准。

我国目前所使用的农药按其化学结构大致可分为以下几类：有机氯类、有机磷类、氨基甲酸酯类、拟除虫菊酯类等。我国农药 70%为有机磷农药，其中 70%为剧毒、高毒类有机磷农药，这些农药是禁止在蔬菜和果树等作物上使用的。

15. 如何降低农药残留？

我国农业技术推广部门在农作物病虫害防治中提倡“以农业防治为基础，优先采用生物防治，协调利用物理防治，科学合理应用化学防治”的综合防治措施，力图把病虫为害损失降到最低，同时保证农产品的优质、安全、高产、高效。目前在生产实践中：

一是以农业防治为基础，通过选育并推广应用抗性强的品种、干热消毒、水旱轮作、科学施肥等措施减少病虫害发生；

二是优先采用生物防治，保护利用瓢虫等多种捕食性天敌对蚜虫等害虫发挥自然控制作用，利用苏云金杆菌（BT）制剂防治食心虫等；

三是合理利用物理防治，覆盖塑料薄膜、防虫网等隔离栽培以减轻病虫害的发生，利用高压汞灯、黑光灯、频振式杀虫灯等进行诱杀害虫等等；

四是科学合理应用化学防治，化学防治是上述三种防治技术的补充，与农业防治、生物防治、物理防治等其他植保措施相比，具有适应面广、操作简易、规模巨大、作用快速、效果显著等优势，尤其当某种有害生物即将暴发成灾之时，化学防治往往是唯一可选择的有效措施。

（1）化学防治中应如何科学合理使用农药？

农作物病虫害防治应遵循“预防为主，综合防治”的方针，尽可能减少化学农药的使用次数和用量，以减轻对环境、农产品质量安全的影响。科学合理使用农药，应做到以下几点：

①遵守农药安全使用规则。严格禁止剧毒、高毒、高残留或具有三致性（致癌、致畸、致突变）的农药在农产品上使用。根据作物种类不同、安全程度要求不同，对某些农药的使用范围可进行进一步的限制，如溴氰菊酯、三氯杀螨醇，由于欧盟对进口茶叶标准的提高而限制或禁止使用。

②对症用药。植物病虫害发生以后，要认真诊断，各种农药都有一定的使用范围和防治对象。只有对症，才能做到经济有效并减少残留。

③适时用药。植物病、虫、草害种类多，发生蔓延条件不同，为害有迟有早，受害程度有轻有重。因此，要根据它们的发生规律和为害程度，确定防治最适期。

④适量配药。配药量过多过少都不利，配药过多，会发生药害、加大成本，造成浪费和加大残留量，若配药过少，杀不死病虫，劳而无功。

⑤正确施药。农药的使用方法很多，应根据药剂特点和防治对象，采用适当的施药法，做到用药少、防效好、持效长、污染少。

⑥交替用药。在一个地区，长期单一使用某一

种农药，必然会引起效果下降，导致防治对象产生抗药性，正确的做法是轮换使用不同种类的农药，同时在混合用药时也要注意有些农药混合后产生化学或物理反应会降低药效。

⑦严格遵守安全间隔期规定。为保证农产品残留不超标，在安全间隔期内不能采收，在实际生产中，最后一次喷药到作物收获的时间最好应比标签上规定的安全间隔期要长。

⑧尽量减少用药。通过耕作措施，能消灭部分病虫，造成不利于病虫发生的条件，同时提高作物抗病虫的能力。如进行田园清洁、处理病残体，减少病虫的来源；合理密植，增加田间的通风透光；及时排除渍水，降低田间的湿度；科学配方施肥，使农作物健壮生长，提高其抗病虫能力。

(2) 什么是“无公害”农药？包括哪些？

所谓“无公害”农药就是高效低毒低残留农药。其特点是用药量少、防治效果好、对人畜及各种有益生物毒性小或无毒、在外界环境中易于分解、不会造成对环境及农产品的污染。在施用该类农药防治农作物病虫害时，用药量必须从实际出发，通过试验确定经济有效的使用浓度和药量，不宜过高过低。一般要求使用杀虫效果90%以上，防病效果80%以上称为高效农药，以及使用致死中量（LD50）值超过500毫升/千克体重的低毒农药。采收的农产品要注意农药安全间隔期，使其农药残留量低于国家规定的限量标准。

“无公害”农药包括：

①生物源农药：指直接利用生物活体或生物代谢过程中产生的具有生物活性的物质或从生物体提取的物质作为防治病、虫、草害和其他有害生物的农药。具体可分为：植物源农药、动物源农药和微生物源农药。如：BT、除虫菊素、烟碱大蒜素、性信息素、井冈霉素、农抗120、浏阳霉素、链霉素、多氧霉素、阿维菌素、芸薹素内酯、除螨素、生物碱等。

②矿物源农药（无机农药）：有效成分起源于矿物的无机化合物的总称。主要有硫制剂、铜制剂、磷化物。如硫酸铜、波尔多液、石硫合剂、磷化锌等。而毒性较大、残留较高的砷制剂、氟化物等不在本推荐范围之内。

③有机合成农药：限于毒性较小、残留低、使用安全的有机合成农药。经过多年应用证明，推荐使用安全的菊酯类、部分中、低毒性的有机磷、有机硫等杀虫剂、杀菌剂及部分中低毒性的二苯醚类除草剂等等。如：氯氰菊酯、溴氰菊酯、辛硫磷、多菌灵、百菌清、甲霜灵、粉锈宁、扑海因、甲硫菌灵、抗蚜威、禾草灵、稀杀得、禾草克、果尔、都尔等。高残留的有机氯类农药、二次中毒的氟乙

酰胺、代谢物为“三致”物的乙撑硫脲等诸类农药不在推荐之列。

(3) 经常在很多地方看到农药间隔期，是什么意思？如何理解？

农药间隔期，是指最后一次施药至放牧、收获（采收）、使用、消耗作物前的时期，自喷药后到残留量降到最大允许残留量所需间隔时间。简单地说就是最后一次使用农药到作物收获时必须间隔的天数，即作物收获前禁止使用农药的天数。它是农药安全使用标准的有机组成部分，也是控制和降低农产品中农药残留量的一项关键性措施。农药安全间隔期的长短，与药剂的种类、作物种类、地区条件、季节、施用量、施药次数、施药方法等因素有关，在使用农药之前，必须仔细阅读农药标签上的说明，如果按照农药的规定量和浓度进行施药，又严格遵守安全间隔期，收获农产品中的农药残留量就不会超过规定的允许残留限量。

(4) 何为禁用农药？何为限用农药？为什么要对农药实行禁用、限用和淘汰制度？

所谓禁用农药是指被全面禁止在所有农作物上使用的农药；所谓限用农药是指未全面禁用，而是限制其使用范围，规定其不得在某些作物上使用的农药品种。

每种产品都有其生命周期，随着社会发展和科技进步，人类对于农药对环境和人体造成的危害以及对农药本身毒性的认识不断深入，如出现新的替代品，则原有农药产品将被禁用和淘汰；若不能完全替代，则要限定其使用范围，以免使用不当造成污染。另一方面，对农药实行禁用、限用制度也是应对国外技术壁垒的需要。一些国家制订的有关农产品的技术标准越来越高，对农药、生物毒素、重金属等残留限量指标越来越高。

(5) 我国规定的主要禁用农药和主要限用农药分别有哪些？

中华人民共和国农业部第 199 号、第 322 号和第 632 号公告规定，下列高毒农药属于禁用、限用的农药。

①全面禁止使用的农药有 23 种，主要包括：甲胺磷、对硫磷（1605）、甲基对硫磷（甲基 1605）、久效磷、磷胺、六六六、滴滴涕、毒杀芬、杀虫脒、

除草脒、二溴氯丙烷、二溴乙烷、艾氏剂、狄氏剂、汞制剂、砷铅类、敌枯双、氟乙酰胺、氟乙酸钠、甘氟、毒鼠强、毒鼠硅。

②限制使用的农药有19种，主要包括：甲拌磷（3911）、内吸磷（1059）、治螟磷（苏化203）、特丁硫磷、甲基异柳磷、甲基硫环磷、克百威（呋喃丹）、涕灭威、灭线磷、硫环磷、蝇毒磷、地虫硫磷、氯唑磷、苯线磷等，以上13种高毒农药限制使用的作物是蔬菜、果树、茶树、中草药；三氯杀螨醇、氰戊菊酯限制使用的作物是茶树；氧乐果限制使用的作物是甘蓝；特丁硫磷限制使用的作物是甘蔗；丁酰肼限制使用的作物是花生；氟虫腈自2009年10月1日起，除卫生用、玉米等部分旱田种子包衣剂外，在我国境内停止销售和使用用于其他方面的含氟虫腈成分的农药制剂。

任何农药产品都不得超出农药登记批准的使用范围使用。

2010年，农业部、卫生部公布了《食品中百草枯等54种农药最大残留限量》新国标（GB26130—2010），自2011年4月1日起实施。最引人关注的是，2007年已被禁用的甲胺磷仍出现在糙米的限量标准中，其最大残留限量为0.5毫克/千克。此举可能引起大家疑惑：甲胺磷不允许施用却允许残留，怎么回事？其主要原因可能是考虑到乙酰甲胺磷是被允许在水稻病虫害防治中使用的农药品种，而且农民也习惯使用该农药，但使用后降解产物中有甲胺磷成分，有可能被检测出来，造成这种情况并非生产过程主动施用甲胺磷。另外，设置的限量值距离危害人体健康水平的差距还非常远，不用担心。所以说禁用农药设置限量值，并非是解禁，甲胺磷依然是国家全面禁止使用的农药品种之一。

(6) 为什么有些被明令禁用或限用的农药，还偶尔会在农产品中有检出？

一是被禁用的农药降解时间超长，如六六六、DDT 已经禁产和禁用 20 多年，但由于其毒性较大，化学性质稳定，难以自然降解（有研究表明，其在环境中自然降解可能需要 60 年），造成了对土地、水体的污染，所以产生再残留现象。

二是农民对限用农药的误用，如水胺硫磷在水稻中是被允许使用的，农民可能在种完水稻后继续用到蔬菜中。

三是有些农药生产杂质或使用后的代谢物中可能有禁用农药的成分，如三氯杀螨醇代谢后产生的 DDT。

四是农药生产企业为了提高农药使用效果混入禁用或限用农药而不标识。

16. 消费者安全食用建议

(1) 如何减少食用中可能的农药残留风险呢?

日常生活中,可以从农产品的选购和加工处理两个方面着手来加强自我保护。尽量让自己的食用农产品品种多样化,烹调方式多样化,选购当季时令盛产农产品时不要一味图“漂亮”,不要贪图外观,不必追求颜色特别鲜艳的农产品(异常的白、黑、黄、绿)。比如,特别白的蘑菇、特别白的馒头、特别黑的黑芝麻、特别绿的绿茶等,买个头、外形较普通的即可。因为滥用农药可能使农产品的外形有所改变,例如体积过大、颜色怪异的番茄、马铃薯、黄瓜等。如果消费者想选择农药使用较少的蔬菜,可以考虑多选择茼蒿、胡萝卜、洋葱、茴香、香菜、辣椒等,因为这类蔬菜具有特殊气味,相对来说农药的使用就少一些。还有一个原则是,尽量选有产地、有标志的优质蔬菜。优质蔬菜鲜嫩,外形饱满,表面润泽光亮,无黄叶,无伤痕,无病虫害,无烂斑。我国目前的蔬菜可分为有机、绿色、无公害和无控制四种。在有可能的条件下,建议购买前三类。无控制蔬菜通常没有任何标识,当然,这并非指无控制蔬菜就一定不安全,但有标志的农产品安全相对更有保障。

关于加工处理,一般说来,只要经过一洗、二浸、三烫、四炒四个步骤，即可去除水果蔬菜上95％以上的残留农药，保证食用安全。家庭中清除蔬菜瓜果上残留农药的简易方法有：

①流水冲洗加浸泡法。蔬菜污染的农药品种主要为有机磷类杀虫剂，有机磷杀虫剂难溶于水，此种方法仅能除去部分污染的农药。但水洗是清除蔬菜水果上其他污物和去除残留农药的基础方法，主要用于叶类蔬菜，如菠菜、金针菜、韭菜花、生菜、小白菜等。一般先用水反复冲洗掉表面污物，然后用清水浸泡几分钟后再用流水冲洗两三遍。果蔬清洗剂可增加农药的溶出，所以冲洗时可加入少量果蔬清洗剂。

②流水冲洗加碱水浸泡法。有机磷杀虫剂在碱性环境下分解迅速，所以此方法是去除农药污染的有效措施。可用于各类蔬菜瓜果。方法是先将表面污物冲洗干净，浸泡到碱水中（一般 500 毫升水中加入碱面 5～10 克）5～15 分钟，然后用清水冲洗3～5遍。

③去皮法。蔬菜瓜果表面农药量相对较多，所以削皮是一种较好的去除残留农药的方法。可用于苹果、梨、猕猴桃、黄瓜、胡萝卜、冬瓜、南瓜、西葫芦、茄子、萝卜等。

④储存法。农药在存放过程中随时间能够缓慢地分解为对人体无害的物质。所以对易于保存的瓜果蔬菜可通过一定时间的存放，减少农药残留量，

适用于南瓜、冬瓜等不易腐烂的种类。一般存放15天以上。同时建议不要立即食用新采摘的未削皮的果菜。

⑤加热法。氨基甲酸酯类杀虫剂随着温度升高，可加快分解。所以对一些其他方法难以处理的蔬菜瓜果可通过加热去除部分农药。常用于芹菜、菠菜、小白菜、圆白菜、青椒、菜花、豆角等。先用清水将表面污物洗净，放入沸水中2～5分钟捞出，然后用清水洗一二遍。

（2）常见消费误区。

日常生活中常有一些误区，例如，有虫眼的蔬菜农药残留更少、洗菜时浸泡时间越长洗得越干净等等。事实是不是这样呢？

误区一：有虫眼的蔬菜，农药残留更少。

为了吃上无农药残留的蔬菜，很多消费者喜欢购买有虫眼的绿叶菜、豇豆，认为这样的蔬菜肯定没有打农药，相较那些外观完整的蔬菜更安全。其实这是一个消费误区，有很多虫眼只能说明曾经有过虫害，并不能表示没有喷洒过农药。因为消费者买了有虫眼的蔬菜水果后，基本上在菜里没有发现过虫子，菜农不太可能人工捉虫，因此，一般还是发生虫害后被农药给除掉了。如果菜“幼小”时叶片留下了虫眼，虫眼会随着叶片长大而增大。此外，害虫同样具有“抗药性”，一旦产生抗药性，菜农往往需要加大剂量才会有效果，因此，有时候虫眼多的蔬菜，菜农为了杀死这些害虫反而喷药会更多。所以，看蔬菜是否有农药残留不能只看它有没有虫眼，有没有虫眼不是衡量蔬菜安全的标准。

误区二：蔬菜浸泡的时间越长，洗得越干净。

很多人洗菜，喜欢放在清水中浸泡一段时间，以为这样更干净，吃起来更放心。其实这种方法并不科学——长时间浸泡不一定能去除农药。将蔬菜长期浸泡在水里，残留的有机氯和有机磷等农药就会分解在水里，形成一定浓度，蔬菜浸泡在里面时间一长，这些农药会再次进入菜中，这样的话，本来残留在蔬菜表面的农药，因为水渗作用，反而到达菜的内部了，这样，对人体更加有害。另外，蔬菜长时间浸泡再洗，可能会使致癌物亚硝酸盐增加。研究发现，用清水浸泡 20 分钟后，蔬菜中的亚硝酸盐含量高于用洗洁精洗过，然后再漂洗干净的蔬菜。可能因为浸泡是一种无氧状态，有利于提高硝酸还原酶的活性，降低亚硝酸盐还原酶的活性，从而提高亚硝酸盐在蔬菜中的含量。另外，长时间的浸泡还可能使蔬菜的叶片破损，加快营养损失。洗菜时一般应先用水反复冲洗掉表面污物，然后用清水浸泡后再用流水冲洗两三遍。

误区三：用果蔬清洁剂就能完全清洗掉瓜果蔬菜中的农药残留。

市面上有一些果蔬清洁剂，标明能“迅速分解果蔬表面残留农药、化肥以及细菌”等，号称洗出来的果蔬可以直接吃。但具体能够清除哪些农药，去除率到底有多高，一般并无权威数据支持。化学清洗剂的去污能力主要来自表面活性剂，一般可溶解部分有害菌、有机污染物、农药，但不能杀死病菌、寄生虫等，也难以分解农药、激素、抗生素。因此，洗洁精能清洗的蔬菜水果也是有限的，不要过于迷信。另外目前果蔬清洁剂并未经过严格的风险评估，本身也可能带来污染，所以建议慎用。消费者如果使用果蔬清洗剂，一定要注意在其中浸泡的时间不宜太长，而且使用后用水漂洗干净。

误区四：纯天然、野生农产品就是安全产品。

近年来，随着人们崇尚“绿色消费”观念的兴起，野生农产品逐渐受到广大市民的青睐。不少消费者认为，自然生长的农产品，没有施用过化肥、农药，应该是最安全、最“绿色”的，比含有添加剂的农产品品质好，食用更安全。而许多生产者为了迎合公众的消费心理，大打100%纯天然、无污染的招牌。纯天然、野生农产品果真一点污染也没有吗？这种说法并不完全正确。如果是出自无外来污染且土壤和灌溉水均符合有关农产品产地环境标准要求的野生农产品确是上佳的食品。但这里应提醒消费者注意的是，如果这些农产品生长在环境不合格的污染地带，受污染就是很自然的事，长期食用会对身体造成危害，严重的还会引起食物中毒。此外，自然界中原本有毒或可产生毒素的生物也一直威胁着人类的健康。例如，研究发现，很受欢迎的一种野菜——蕨菜中有一种能致癌的物质“原蕨苷”，长期食用，食道癌和胃癌发生风险增加。因此，是否“纯天然”、是否“野生”并非农产品质量安全性评判依据。相反的，凡是经国家认可使用于农产品生产中的投入品和添加剂，都是经过大量的毒理学试验和严格的审批，其安全性得到了有效保障，而许多所谓纯天然产品或添加物往往未经过严密的安全评价，只是传统上被使用或心理认可，其潜在危害却不得而知。

三、掀起你的盖头来

——谈谈畜禽产品中的兽药残留

17. 兽药残留及其危害

也许在 10 年前，大家对兽药残留还知之甚少，对肉的关注只限于“注水肉”。但 2006 年上海的“瘦肉精”中毒事件，到后来的嘉兴、广州“瘦肉精”中毒事件，“瘦肉精”已进入普通民众视野，2011 年河南双汇“瘦肉精”事件更是闹得沸沸扬扬。一时间，食用“瘦肉精”的“健美猪”，虽然肌肉依旧发达，却不再给力。有网友戏称“除了奶粉，去香港还得买肉”。以“瘦肉精”为代表的兽药残留已逐渐成为人们普遍关注的一个社会热点问题。饭桌上的盲从恐慌，都源于不明真相。这里就让我们掀起兽药残留的盖头，看一看兽药残留的真面目。

(1) 什么是兽药残留？包括哪些种类？

随着集约化畜牧业的快速发展，兽药的应用品种和数量也在不断增加。动物在使用药物预防或治疗疾病后，药物的原形或其代谢产物可能蓄积、贮存在动物的细胞、组织、器官或食用产品（如蛋、奶）中，成为动物源食品安全性影响的重要因素。兽药残留是“兽药在动物源食品中的残留”的简称，根据联合国粮农组织（FAO）和世界卫生组织（WHO）食品中兽药残留联合专家委员会的定义，兽药残留是指动物产品的任何可食部分所含兽药的母体化合物及（或）其代谢物，以及与兽药有关的杂质。所以，兽药残留既包括原药，也包括药物在动物体内的代谢产物和兽药生产中所伴生的杂质。

在动物源食品中较容易引起兽药残留量超标的兽药主要有抗生素类、磺胺类、呋喃类、抗寄生虫类和激素类药物。

①抗生素类。大量、频繁地使用抗生素，可使动物机体中的耐药致病菌很容易感染人类，而且抗生素药物残留可使人体中细菌产生耐药性，扰乱人体微生态而产生各种毒副作用。目前，在畜产品中容易造成残留量超标的抗生素主要有氯霉素、四环素、土霉素、金霉素等。

②磺胺类。磺胺类药物主要通过输液、口服、创伤外用等用药方式或作为饲料添加剂而残留在动物源食品中。在近15～20年，动物源食品中磺胺类药物残留量超标现象比较严重，多在猪、禽、牛等动物中发生。

③激素和β-兴奋剂类。在养殖业中常见使用的激素和β-兴奋剂类主要有性激素类、皮质激素类和盐酸克仑特罗等。目前，许多研究已经表明盐酸克仑特罗、己烯雌酚等激素类药物在动物源食品中的残留超标可极大危害人类健康。其中，盐酸克仑特罗很容易在动物源食品中造成残留，健康人摄入盐酸克仑特罗超过20微克就有药效，5～10倍的摄入量则会导致中毒。

④其他兽药。呋喃唑酮和硝呋烯腙常用于猪或鸡的饲料中来预防疾病，它们在动物源食品中应为零残留，即不得检出，是我国食品动物禁用兽药。苯丙咪唑类能在机体各组织器官中蓄积，并在投药期，肉、蛋、奶中有较高残留。

(2) 兽药残留对人体有哪些危害呢?

①对消费者的直接毒性作用。

一般急、慢性毒性：许多兽药添加剂都有一定的毒性，若一次进食残留物的量过大，会出现急性中毒反应，如曝光率很高的盐酸克伦特罗中毒事件，食用者表现出头痛、狂躁不安、心跳过速、血压下降等中毒症状。氯霉素可引起再生障碍性贫血，氨基糖苷类有较强的肾毒性等，大环内酯类药物如红霉素、泰乐菌素等易造成肝损害和听觉障碍，如果长期吃入含有这些药物的动物性食品就可能产生慢性毒性作用。

特殊毒性：很多兽药具有致畸、致突变或致癌作用（简称“三致”作用），如磺胺二甲嘧啶能诱发人的甲状腺癌；氯霉素能引起人骨髓造血机能的损伤；甾体激素能引起女孩早熟和男孩女性化，以及子宫癌；苯丙咪唑类能引起人体细胞突变，以及致畸胎作用；磺胺类药物能破坏人的造血系统等。

发育毒性（激素样效应）：女性化（雌激素类物质）或男性化（雄性激素类物质）。也就是对发育方面的影响，主要是激素类物质如人工合成激素类。

过敏反应：一些抗菌药如青霉素、四环素类、磺胺类等均具有抗原性，可引起人们的过敏反应，轻者出现皮肤瘙痒和荨麻疹，重者引起急性血管性水肿和休克，甚至死亡。如果在畜产品中有上述药物残留，药物过敏者食用后，就有可能出现过敏反应。比如，个别奶牛饲养者对牛使用过上述药物后，不遵守停药期规定，继续销售该牛的牛奶，当人食用牛奶后，就可能出现过敏反应。

②对人类胃肠道微生物的影响。有抗菌药残留的动物性食品，可能对人类胃肠道的正常菌群产生不良的影响，部分敏感菌受抑制或被杀死，致使菌群平衡破坏，有些条件性致病菌（如大肠杆菌）可能大量繁殖，或体外病原的侵入，损害人类健康。

③对人类病原菌耐药性的影响。给动物长期使用含有抗生素的添加剂时，动物体内的细菌就会产生

耐药性。而动物体内细菌的耐药性可能会通过R-质粒传递给人体的细菌，人体就会出现用抗生素无法控制细菌感染的情况。

18. 吃块靠谱的肉真就那么难?

近年来，沸沸扬扬的“瘦肉精”、“激素鸡”等畜禽产品质量安全问题，使消费者对畜禽产品的信心降低，不禁让人感叹“想吃块靠谱的肉咋就那么难”。由于河南双汇“瘦肉精”事件的曝光，“瘦肉精”大概成了兽药残留中最有知名度的一类，已经成为人们普遍关注的热点问题，而且大有“草木皆兵”的架势。

(1)“瘦肉精”到底是什么东西?

“瘦肉精”不是一种物质，而是一类能够促进瘦肉生长、抑制肥肉生长的物质的统称，包括在我国造成中毒的盐酸克仑特罗和美国允许使用的莱克多巴胺（也叫雷托巴胺）等。

盐酸克伦特罗最初被用于治疗哮喘，但因为副作用大而逐渐被医生弃用。20 世纪 80 年代，美国人意外发现它竟然能促进蛋白质合成，提高猪瘦肉比率。考虑到人们大都喜欢吃瘦肉，讨厌油腻的肥肉。这一功能让盐酸克伦特罗有机会在禽畜身上大展拳脚，但使用剂量要达到人用药剂量的 10 倍以上，才能达到提高瘦肉率的效果。由于用量大、使用时间长、代谢慢，所以在屠宰前到上市，在猪体内的残留量都很大。盐酸克仑特罗比较稳定，即使经过烹调，仍有部分残留，因此吃了这样的肉就可能引发一系列副作用，甚至造成过量中毒，因而被禁用。

除盐酸克仑特罗以外，还有其他一些物质可以作“瘦肉精”使用，例如在美国等一些国家可以合法使用的莱克多巴胺。莱克多巴胺和盐酸克仑特罗的作用原理类似，但相比较而言，后者不易在动物体内蓄积，毒性要小一些。

(2) “瘦肉精”有哪些危害？是否国际上都禁用？

我国通常所说的“瘦肉精”一般是指盐酸克伦特罗，它属于非蛋白质激素，化学性质稳定，一般加热处理方法不能将其破坏，使用后会在动物组织中形成残留，尤其是在动物的肝、肺、肾、脾等内脏器官中残留较高。人食入大量“瘦肉精”残留的动物产品后，会出现肌肉震颤、头晕、脸色潮红、心跳加速、胸闷、心悸、心慌、战栗、头疼、恶心、呕吐等症状，特别是对高血压、心脏病、甲亢和前列腺肥大等疾病患者危害更大，严重的可导致死亡。

我国禁止使用包括莱克多巴胺在内的任何“瘦肉精”。美国、加拿大等26个国家和世界卫生组织允许使用莱克多巴胺，称其在正常使用下对人体无害。美国制定的莱克多巴胺残留允许值标准是每千克猪肉中50微克，牛肉中的安全标准则为30微克。在这个残留量指标下，一个体重50千克的人每天吃上1.25千克猪肉或者2千克牛肉都是相当安全的。世界卫生组织和加拿大制定的标准比美国更严格，猪肉中的允许残留是每千克40微克，而联合国粮农组织更为保守，是每千克10微克。日本和新西兰比较有趣，不允许本国生产使用，但是允许进口猪肉每千克10微克的残留。我国则采用的是“零容忍”，完全不允许存在。

(3) 一只鸡几只翅膀?

如果几年前拿这个题目来问，肯定会被人用不可思议的眼光注视良久：这人有毛病吧？但经过2008年“洋快餐肯德基的鸡有好多鸡翅”的说法以及有模有样的“无毛怪物鸡”图片广为流传之后，情况就复杂了，大概有不少人会想，说不定一只鸡有六个翅膀四条腿呢。毕竟当时网上盛传这是某人在美国某个“秘密基地”里“亲眼”所见，这多出来的翅膀都是使用激素催出来的。我们不妨现在就来较较真，来看看它是亲见还是虚构。

人类养殖出来供食用的禽畜，对于人类而言实质上是一个个的加工厂：把人类不吃的植物原料，比如粗粮、秸秆、草料、油料残渣等转化成人类想吃的东西，比如肉、蛋、奶等。所有养殖业的技术，无论是育种、基因改造，还是饲料添加剂，都只是提高转化效率，而不能让动物凭空生长。再高明的“激素”，也只是提供碳水化合物、蛋白质、脂肪以及各种微量元素让动物快点长出肉来。从技术角度来说，用激素养出长着六只翅膀的鸡现在还没法实现。即便是转基因生物技术，经过过去几十年的发展，也还没能达到人们想怎么折腾就怎么折腾的阶段。

另外，还有媒体报道，采用抗生素、激素等一些饲养方式可以使鸡的饲养过程从 200 天一下子缩短到 40 天，真有这么恐怖吗？

家禽的饲养和植物是一样的，实际决定它的饲养周期和生殖周期长短的，一个是遗传因素，一个是环境因素。研究显示，肉鸡生长过程中，遗传因素占 85％～90％，其他因素只占 10％～15％。有养鸡常识的人一般都知道，肉鸡在饲养过程中不仅不能过量使用激素等药物刺激生长，还要适当控制鸡的生长速度，如果添加药物或者激素来促进生长，会导致鸡的死亡率增加。这是任何一个养鸡场都承受不了，所以用激素促进肉鸡极速增长的说法同样是不科学的。

事实上，养鸡场用激素的还真不多，一般大规模集成化的养殖场面临的最严重问题是防病。试想一个养鸡场几百万只鸡互相传染会是怎样的景象？所以，使用抗生素就成了一种需要。现代化养殖的鸡，不用抗生素是很难的，行业发展的方向只能是寻找更好的抗生素而已。对于看到“激素”、“抗生素”字样就反感的人来说，就决定不吃这些工业化养殖的鸡了，转而选择野生天然“走地鸡”。但所谓的“走地鸡”是否一定让人更放心呢？

工业化生产的鸡中含有什么风险，风险有多大，怎么控制在可接受范围是清楚的，我们可以选择。如果确是农民使用米糠麦麸等原粮饲料自然喂养的，应该是既富营养又安全可靠的，但目前“走地鸡”中有一些可能是不法商贩偷梁换柱欺骗消费者打出的一个概念牌，同时少数“走地鸡”在放养过程中无法溯源和控制，是否存在病源微生物的隐患也无从知晓。因此建议消费者慎重对待。

绝对的安全是没有的，人类能做的，只能是不停地去发现各种可能的危害，然后做出目前所知危害可能性最小的选择。如果仅仅是因为祖先没有用过就拒绝接受，或者认为改变了动物“天然”的生长方式就反对，跟100多年前的人们对于汽车的恐慌并无区别。

(4) 这肉到底还能不能吃？

人类非常关注“吃”的问题。作为生命体，人与外界环境之间的交流主要通过两个渠道：一个是呼吸，环境中的气体在呼吸道与人体进行交换，这是须臾不可离开的；另一个就是消化道，人需要间断摄入食物和水以满足身心需要。前者虽然极端重要，但可控性较差：毕竟我们很难选择呼吸或者不吸此时此地的空气。通常来说，人们对自己可以掌控的部分关注会更高。故此，关于“能不能吃”，“吃哪个更好”的问题，人们就更关心了。频有发生的畜禽产品质量安全问题让消费者对畜禽产品的信心急剧降低，神经都紧绷着，一点风吹草动也会引起轩然大波，“还敢吃肉吗?”成了悬在普通民众心中的一个疑问。

其实，绝对的质量安全是不可能的。不能因为出现的个别现象就以偏概全，看着任何肉制品都像“犯罪嫌疑人”。如果因为“可能有问题”就不吃的话，那可能就没有什么东西可以吃了。有人也许要说，我就不吃肉了，吃素还不行吗。诚然，多吃素食有利健康，但是纯素很难实现营养均衡，还是不大靠谱，最好还是吃一点肉、蛋和奶。公众和媒体不能道听途说，以讹传讹，过分夸大负面新闻和事件，只能增加不必要的心理负担。

值得注意的是，买的肉里有没有兽药残留，含不含某种激素，消费者从肉的外观上根本无从得知，网上传的一些“鉴别诀窍”实际上用处有限。那么，有没有一些好办法，让普通消费者能减少兽药残留带来的危害？

第一，如果有条件的话，尽量购买具有无公害、绿色、有机标识的畜禽产品。这一类有标志的畜禽产品是指产地环境、生产过程和产品符合国家有关标准和规定的要求，经认证合格获得认证证书，并允许使用相应农产品标识的未经加工或者初加工的动物性食品。它们的安全性更有保证。

第二，将买回的畜禽产品根据不同的品种，采取浸泡、清洗、高温消毒、生熟分开等方法，可以降低一部分兽药残留量。

第三，尽量少吃或不吃烘烤、熏制过度和颜色过于鲜亮的动物性食品。

第四，关注国家公布的有关无公害畜禽产品安全信息，对不合格产品拒绝购买。

19. 畜禽产品中兽药残留的防控

针对畜禽产品中兽药残留的问题，我国已经从兽药、饲料、饲料添加剂等多个环节上加强了管理。

制定了一些法律法规、饲料安全标准、动物产品中兽药残留标准，并在各地建立了兽药监察机构，从而加大了执行兽药残留监控计划的力度。而且，农业部从2001年就启动了从“农田到餐桌”全过程质量控制的“无公害食品行动计划”，此举对于保障畜禽产品的安全起到了十分显著的效果。

（1）畜禽产品中兽药残留问题依然时有发生，问题究竟出在哪里呢?

现代化的养殖业由于高度的集约化，不可避免地带来大量的疫病问题。另外，为了提高饲料报酬和满足人们对动物性食品的需要，也需要使用大量饲料药物添加剂，这是产生兽药残留的根本原因。但另一方面，不合理用药、非法用药，也是造成我国动物性食品中兽药和添加剂残留超标的重要原因。具体地说，主要有以下因素：

①非法使用违禁药物。多为性激素（己烯雌酚、己烷雌酚、双烯雌酚、雌二酚）、生长激素、甲状腺激素和抗甲状腺激素、赤霉醇及兴奋剂类和镇静药物，还有氯霉素、呋喃唑酮等。目前的确有一些非法使用雌激素、同化激素、安定药等违禁药物作饲料添加剂的，其造成的严重后果难以预料。

②不遵守休药期规定。一些企业不遵循兽药停药期规定，在畜禽出栏前或奶用畜产品生产中继续使用兽药。例如，多数抗球虫药和一些其他饲料药

物添加剂规定产蛋期禁用，但不少鸡场没有遵守这些规定，造成药物在蛋中残留，损害人体健康。

③滥用药物。由于配方不合理导致滥用饲料药物添加剂。为追求高额利润，一些企业在饲料产品中超剂量或滥加兽药和其他违禁药品，并将产品大量向市场推销。一些养殖企业和个人，或者因法制观念淡薄，或者受到利益的驱使，为非法的兽药生产企业和在饲料中添加了违禁物质的产品提供了“地下市场”。

④盲目用药。有的养殖企业和个人由于缺乏合理使用兽药和饲料的知识，造成盲目用药。而一些饲料厂不遵守有关标签规定，在饲料中添加了一些兽药，但不印在标签上，导致养殖户在不知情的情况下，成为非法产品的使用者，造成药物在肉中残留。

⑤超量用药。随着集约化饲养时间的增长，常用药物的抗药性日趋严重，因而添加量越来越高，甚至比规定量高 2～3 倍。在预防、治疗畜禽疾病中使用超剂量药物的情况比较常见，这样药物在动物体内残留的时间会延长，即使按一般的休药期停药也可能造成残留超标。

⑥环境污染。因为各种原因进入环境中的兽药残留，在多种环境因子的作用下，也可能在动物体内富积。如己烯雌酚、氯羟吡啶在环境中降解速度很慢，目前已经观察到己烯雌酚在生物体内的富集现象。

（2）控制兽药残留，养殖户及相关人员应该怎么做？

如何控制兽药残留？对于饲料加工者、养殖户来说就是两句话：遵守法律、法规，按照标准组织生产。遵守法律、法规是强制性的，按照标准组织生产是自觉行为。具体说来，科学合理使用兽药，应该做到以下几点：

①严格遵守兽药的使用对象、使用期限、使用剂量以及休药期等，严禁使用违禁药物和未被批准的药物；严禁或限制使用人畜共用的抗菌药物或可能具有致毒、致畸、致突变“三致”作用和过敏反应的药物，尤其是禁止将它们作为饲料添加剂使用；对允许使用的兽药要遵守休药期规定，特别是对饲料添加剂必须严格执行使用规定和休药期规定；

②按照农业部颁发的药物添加剂使用规定用药，药物添加剂应先制成预混剂再添加到饲料中，不得将成药或原料药直接拌料使用；同一种饲料应尽量避免多种药物合用，否则因药物相互作用可引起药物在体内残留时间延长，确实要合用的要遵循药物配伍原则；

③在生产加工饲料过程中，应将不加药饲料和加药饲料分开生产，以免污染不加兽药的饲料；

④养殖户应正确使用饲料，切勿将含药的前中期饲料错用于饲养动物后期，或在饲料中自行再添

加药物或含药饲料添加剂，确有疾病发生应在专业人员指导下合理用药；在休药期结束前不得将动物屠宰后供人食用；

⑤生产厂家或销售商在销售添加剂产品时在标签上必须说明药物添加剂的有效成分和使用方法；

⑥充分利用疫苗来预防畜禽传染病的发生，以减少兽药的使用，同时，充分利用中草药制剂、微生态制剂、酶制剂以及多糖等高效、低毒、低残留的制剂来防病、治病，以减少兽药残留。

小贴士

需慎用的兽药：

（1）抗生素类药；（2）作用于神经系统、循环系统、呼吸系统、泌尿系统等拟肾上腺素药，抗胆碱药、平喘药、肾上腺皮质激素类药和解痛药物。

四、生命中不能承受之"重"

——重金属污染困局

20. 重金属和重金属污染是何方神圣？

随着"砷毒"、"血铅"、"镉米"事件的曝光，国人对重金属污染的关注也达到了前所未有的热度。到底重金属是何方神圣？重金属污染有多大危害？

化学上根据金属的密度把金属分成重金属和轻金属，常把密度大于5克/立方厘米的金属称为重金属，如：金、银、铜、铅、锌、镍、钴、铬、汞、镉等大约45种。从环境污染方面所说的重金属，实际上主要是指汞、镉、铅、铬以及类金属砷等生物毒性显著的重金属，也包括具有一定毒性的一般重金属如锌、铜、钴、镍、锡等。目前引起人们最多关注的主要有5种：铅、汞、铬、砷、镉。

重金属一般以天然浓度广泛存在于自然界中，其中有些重金属同样存在于人体内，是人体的必需元素。但由于人类采矿、冶炼、加工及工业"三废”、汽车尾气排放日益增多，造成不少重金属如铅、汞、镉等进入大气、水体、土壤中，使得环境中的重金属含量增加，超出正常范围，并导致环境质量恶化，造成危害。由重金属及其化合物造成的环境污染即称为重金属污染。

国际上很多国家都存在重金属污染问题，包括加拿大、德国、英国、日本等。因重金属造成的水源和土壤污染对于多国的生态环境、食品安全和人民身体健康都构成了一定的威胁。

重金属污染区别于其他有机化合物污染的特点有哪些？

不同于其他污染物的可降解特性，重金属污染可在环境里不断循环、很难降解，危害极大。具体来说，重金属污染有以下特点：

一是具有突出的隐蔽性和滞后性，大部分重金属的毒害是隐藏的，只有通过对样品进行分析化验和检测等方式才能发现。

二是具有生物积累性，环境中的重金属具有显著的地域性限制，同时有沿食物链累积的特点，而且从积累到发病历时较长。

三是不可逆性，重金属对土壤和水体的污染基本上是一个不可逆转的污染过程，而且重金属污染造成的病变大部分是不可逆的，难以根治。

四是难治理性，土壤重金属污染很难通过稀释和土壤自净化作用来彻底消除，有时需要通过生物富集、换土、淋洗土壤等方法才能解决，因此所耗成本较高、治理周期较长。

21. 重金属“害人”档案

重金属进入人体的途径主要有三种，分别是食物、水和大气。一旦重金属通过饮水、饮食、呼吸或是直接接触的路径进入人体，在人体的某些器官中积累到一定程度将损坏身体的正常功能。因为重金属不像其他的毒素可以在肝脏分解代谢，然后排出体外，而是相对容易积存在大脑、肾脏等器官，一旦超标，容易引起基因突变，影响细胞遗传，严重时会产生畸胎或诱发癌症。具体危害如下：

(1) 铅的危害。

铅进入人体后，一部分可经肾脏和肠道排出体外。留在体内的铅可取代骨中的钙而蓄积于骨骼。随着蓄积量的增加，会抑制蛋白质的正常合成功能，危害人体中枢神经，造成精神混乱、呆滞、生殖功能障碍、贫血、高血压等慢性疾病；铅对儿童的危害最大，会影响其智商和正常发育。

（2）镉的危害。

镉是人体非必需元素，在自然界中常以化合物状态存在，一般含量很低，在正常环境状态下不会影响人体健康，但当环境受到镉污染后镉可在生物体内富集，并通过食物链进入人体，主要蓄积于肾脏和肝脏。急性镉中毒可引起呕吐、腹泻、头晕、多涎、意识丧失等。慢性镉中毒主要表现在对肾脏、呼吸系统的损伤。镉损伤肾脏近曲小管后，可造成钙、蛋白质等营养素的流失，使骨质脱钙，引起骨骼畸形、骨折等，导致病人骨痛难忍，并因疼痛而死亡。同时，镉还是致癌物，可引起肺癌、前列腺癌及肾癌。镉还具有致突变和致癌作用。

（3）铬的危害。

铬可通过消化道、呼吸道、皮肤和黏膜侵入人体，对人体的毒害为全身性的。如误食饮用，可致腹部不适及腹泻等中毒症状。同时对皮肤黏膜具有刺激作用，引起过敏性皮炎或湿疹；由呼吸进入，对呼吸道有刺激和腐蚀作用，引起鼻炎、咽炎、支气管炎，严重时使鼻中隔糜烂甚至穿孔。同时，铬还有可能致癌变、致畸变和致突变等，其中六价铬和三价铬均有致癌作用。特别是六价铬毒性比三价铬大 100 倍。

（4）砷的危害。

多数人对于砷的印象就是潘金莲毒死武大郎的砒霜，人们说起某某物质的毒性也往往拿砒霜来做比较。实际上，砷在自然界广泛存在，以“无机砷”和“有机砷”两种形式存在。有机砷的毒性可以忽略，所以砷的毒性，主要指的是无机砷的毒性。

砷不是人体所需的元素。大量摄入砷可使人体内很多酶的活性以及细胞的呼吸、分裂和繁殖受到严重干扰，造成代谢障碍。砷中毒分急性和慢性两种。急性砷中毒多见于从消化道摄入，主要表现为肠道症状，如恶心、呕吐、腹痛、腹泻等，严重者出现兴奋、躁动、意识模糊、昏迷以至因呼吸麻痹而死亡，病人常有七窍流血的现象。慢性砷中毒的症状除有一般的植物神经衰弱症候群外，还有皮肤色素沉着、过度角质化、末梢神经炎等。此外，长期少量地摄入也会有致癌的风险，可引起皮肤癌及肺癌，还可引起肝、食管、肠、肾、膀胱等内脏肿瘤和白血病。

（5）汞的危害。

进入人体的汞主要来自被污染的鱼类。金属汞或甲基汞进入脑组织后被氧化成汞离子，逐渐在脑组织中积累，当达到一定量就会对脑组织造成损害，主要损害部位为大脑皮层、小脑和末梢神经。汞中毒患者最初表现为手指、口唇和舌头麻木，说话不清，步态蹒跚，走路时不能骤然停止和转弯。以后，病人出现听力下降、视觉模糊和向心性视野缩小等。孕妇食用被汞污染的鱼后，自身可以不发病，但体内的甲基汞可通过胎盘进入胎儿体内，使新生儿发生“先天性水俣病”。

相关链接

重金属致病典型事件

水俣病 日本水俣市原是位于水俣湾流域的一个小渔村，第二次世界大战后，由于化工厂的聚集而发展成水俣市，但仍有相当多的居民以打鱼为生。1956 年，水俣湾附近发现了一种奇怪的病。这种病症最初出现在猫身上，被称为“猫舞蹈症”。病猫步态不稳，抽搐、麻痹，甚至跳海死去，被称为“自杀猫”。随后不久，此地也发现了患这种病症的人。患者由于脑中枢神经和末梢神经被侵害，轻者口齿不清、步履蹒跚、面部痴呆、手足麻痹、感觉障碍、视觉丧失、震颤、手足变形，重者精神失常，或酣睡，或兴奋，身体弯弓高叫，直至死亡。当时这种病由于病因不明而被叫做“怪病”。

1956 年 8 月，水俣病研究组调查发现，这种怪病是由于反复摄入该地区海产品而引起的中毒，并认为毒物与当时处于世界化工业尖端技术的氮生产企业排出的废水有关。氮用于肥皂、化学调味料等日用品以及醋酸、硫酸等工业用品的制造上。氯乙烯和醋酸乙烯在制造过程中要使用含汞的催化剂，这使排放的废水含有大量的汞。当汞在水中被水生生物食用后，会转化成甲基汞。这种剧毒物质只要有挖耳勺的一半大小就可以置人于死命，而当时由于氮的持续生产已使水俣湾的甲基汞含量达到了足以毒死日本全国人口 2 次都有余的程度。就这样由于常年的工业废水排放使得水俣湾被严重污染，水俣湾里的鱼虾类也由此被污染。这些被污染的鱼虾通过食物链进入动物和人类的体内。甲基汞通过鱼虾进入人体后，被肠胃吸收，侵害脑部和身体其他部分。进入脑部的甲基汞会使脑萎缩，侵害神经细胞，破坏掌握身体平衡的小脑和知觉系统。

到 1992 年，经日本官方确认的水俣病患者有 2 252 人，死亡 1 043 人。

痛痛病　富山县位于日本中部地区，在富饶的富山平原上，流淌着一条名叫“神通川”的河流。这条河贯穿富山平原，注入富山湾，不仅是居住在河流两岸的人们世世代代的饮用水源，也灌溉着两岸肥沃的土地，使之成为日本主要粮食基地的命脉水源。

然而，谁也没有想到多年后，这条命脉水源竟成了“夺命”水源。

20 世纪初期开始，人们发现该地区的水稻普遍生长不良。1931 年又出现了一种怪病，患者大多是妇女，病症表现为腰、手、脚等关节疼痛。病症持续几年后，患者全身各部位会发生神经痛、骨痛现象，行动困难，甚至呼吸都会带来难以忍受的痛苦。到了患病后期，患者骨骼软化、萎缩，四肢弯曲，脊柱变形，骨质松脆，就连咳嗽都能引起骨折。患者不能进食，疼痛无比，常常大叫“痛死了！痛死了！”有的人因无法忍受痛苦而自杀。这种病由此得名为“骨痛病”或“痛痛病”（Itai-Itai Disease）。经骨痛病尸体解剖，有的骨折达 73 处之多，身长缩短了 30 厘米，病态十分凄惨。

1946—1960 年，日本医学界从事综合临床、病理、流行病学、动物实验和分析化学的人员经过长期研究后发现，“骨痛病”是由于神通川上游的神冈矿山废水引起的镉中毒。

由于工业的发展，富山县神通川上游的神冈矿山从 19 世纪 80 年代成为日本铝矿、锌矿的生产基地。神通川流域从 1913 年开始炼锌，“骨痛病”正是由于炼锌厂排放的含镉废水污染了周围的耕地和水源而引起的。

黑脚病　20 世纪 40 年代，我国台湾、香港等地区许多人发生了慢性砷中毒引起的黑脚病。患者开始表现为间歇性跛行，以后出现皮肤色素沉着或白色脱色斑，手掌和脚趾皮肤高度角化、皲裂或形成赘生物，可发展成皮肤癌。由于末梢血管神经功能紊乱，导致微循环障碍，患者肢体血管狭窄，甚至发生肢端皮肤变黑、坏死。因为下肢发病者较多见，故称为“黑脚病”。流行“黑脚病”是由于当地的地球物理化学变化造成井水中砷化物含量增高。此外，在我国的新疆维吾尔自治区奎屯市，由于供人们饮用的井水含有高砷，也有该病的流行。

(6) 关注“镉米”。

对于多数人来说，本来应该只在中学化学里与镉见过一两面，但不久前“10%市售大米镉超标”的新闻让人们空前关注起镉来，一些市民陷入了镉中毒的恐慌之中。究竟“镉米”有多恐怖？让我们来揭开它的面纱。

其实，镉米不是什么新鲜的事物，在 1968

年的日本富山和1983年的台湾桃园，就出现过大米中镉超标的事件。1974年，我国首次在沈阳张士灌区发现镉超标大米，其污染主要来自当时沈阳冶炼厂的污水。随后，在1989年，中国科学院沈阳应用生态研究所在一份研究报告中，将灌区上游330公顷的土地列为严重污染区。我国的“镉米”最先发现于东北，但是最近的研究调查发现，南方大米受污染的情况正在加重。造成这一情况的原因主要有两个：第一，从水稻品种上来说，耐热不耐低温的籼稻广泛种植于南方，而籼稻由于其品种上的特性，“天生”比粳稻更易于富集土壤中的重金属镉；第二，南方多金属矿区，多冶炼工厂，未经充分处理的工业废水和采矿废水的排放导致了土壤的污染，从而进入农作物，水稻就是典型的“受害作物”。

摄取方式不同，镉对健康的影响也不同。通过大米等食物摄取的，属于“长期小剂量”摄取，危害的部位主要是肾脏和骨骼。目前，世界卫生组织对镉的安全标准就是基于对肾脏的毒性建立的，上限是每周每千克体重7微克，相当于一个60千克的人，每天不超过60微克。这个安全标准包括所有的镉来源，除了米饭，还有其他食物和饮水。对于大米，我国的安全标准是每千克0.2毫克，相比日本的0.4毫克，还要更严格一些。应该注意的是，这只是一个“控制标准”，并不意味着高于这个值的大米就一定有害，而低于它就安全。是否安全还与人对它的食用量有关。比如说，如果一个体重 60 千克的人，每天吃 500 克镉含量为每千克 0.15 毫克的大米——尽管这样的大米是合格的，但摄入量超过了世卫组织的安全线；如果只吃 200 克镉含量为每千克 0.25 毫克的大米——虽然它超标了，但是总摄入量没有超过安全线。

抽样调查，发现市售大米中 10%的大米镉含量超标，听起来确实惊人。姑且不论 10%这个数字是否准确，镉中毒的确应该引起我们的重视。对于非“高镉”地区的人们来说，问题可能不是那么严重。而对于“镉大米”产区的人们来说，因为吃的其他食物和饮用水中也可能含有镉，镉污染的健康风险相对更大。对于普通的消费者，保护自己的可行途径是丰富自己的食谱，尽量减少对单一来源大米的依赖，而是食用不同品牌不同产地的产品，从而降低健康风险，毕竟在市场上，安全农产品依然占了主要部分；此外，有研究表明钙和维生素 D 缺乏的人群对镉过量更加敏感，因此，保证自己的食谱中有充足的钙和维生素 D，可能有助于增加对镉的抵抗力。

读者提问

既然重金属污染危害这么大，而我国受重金属污染面积也很广泛，农产品的质量安全还能保证吗？普通消费者应该怎么办才能吃的放心点？

其实大可不必闻听重金属污染就恐慌，土壤中的重金属并非全部都可被生长其上的植物所吸收，通常只有一部分能被作物吸收或对生物产生毒性的性状。所以，生长在重金属超标土壤上的农产品并不一定超标，而是由重金属种类和农作物吸收特征所决定。另外，标准中给出的重金属临界值都是依据动物实验得出的保守的安全限值，由于人与人的体质不同，有很大的个体差异，再加上平时膳食结构的不同，并不一定超标就一定引起病变。

另一方面，值得注意的是，因为农产品中重金属是通过植物根系从水和土壤中吸收的，存在于植物的体内，不像农药那样大部分都喷洒在农作物外表，多洗就可以清除，农产品中的重金属并不能通过水洗、浸泡、加热、烹炒等人们常用的方法来去除。对于我们一般人而言，可以通过随时关注质检信息，从正规渠道购买农产品，首选有认证的产品，包括无公害农产品、绿色食品和有机农产品，质量更有保证。另外，平时尽量要吃的杂些，不要偏食挑食，减少对单一产品的依赖。重金属只有长期大量的累积于体内才会导致疾病，因此大可不必恐慌，注重生活细节，均衡饮食就可以大大减少重金属的污染。

22. 重金属污染的来源与防控

(1) 重金属污染源自何方?

对于重金属污染的成因，多数观点认为，除了地理地质因素以外，很大程度上受到人为活动影响。矿产的开采与加工、电镀、塑料、电池、化工等行业是排放重金属的主要工业源。备受关注的土壤重金属主要来源可以分为以下三类：

①工业“三废”引起的重金属污染。由于国家以前有关矿区开采的政策体系不完善、缺乏全局统筹、开采工艺落后以及监管不力等因素，矿区多采用粗放开采、随意排污的方式，日积月累，方现如今的污染境地。当前我国重金属污染主要集中于开采的矿区，西南地区矿藏丰富，由于开采不慎势必造成重金属对当地的污染。另外，由于部分企业工艺水平落后，个别企业没有环保治理设备，废水、废气和大量废弃物未经处理直接投放环境，而其中的重金属随着自然的沉降、雨水的淋溶等途径进入土壤，进入正常循环的生态系统，造成重金属污染严重危害人们的生产生活。

②化肥农药的过度使用。化肥中常含有微量的重金属元素，如品质较差的过磷酸钙和磷矿粉中就含有砷、镉等；施用含铅及有机汞的农药在发挥作用的同时也为土壤重金属污染埋下了祸根，造成土

壤的胶体结构改变，养分流失，对农作物的产量及品质造成不良影响；另外由于饲料添加剂中也常含有高含量的铜、锌等重金属，这使得畜禽粪便有机肥中的重金属含量也随之增加，并随着肥料的施入进入农田土壤。

③汽车尾气的排放。城市交通运输中汽车尾气排放、汽车轮胎磨损能产生大量含重金属铅的有害气体和粉尘，这些物质随风飘落，进入土壤中引起重金属污染。研究表明，公路、铁路两旁土壤中重金属的污染比较严重，特别是铅，并且随着距离道路的由近到远，土壤的污染程度渐轻。

近年来频发的重金属污染事件多次为我们敲响了保障农产品质量安全的警钟。

(2) 怎样进一步切实控制重金属污染?

重金属污染，必须防治结合，首先严把入口，完善监管，尽量杜绝污染源。源头当中现在环境是第一位的，其次是投入品。环境方面，全国开展了大规模的农业环境检测，将根据农业环境检测结果，划分出适宜耕作区和禁止区，环境不合格的产地应逐步从农产品的生产当中退出，选择适宜地区进行农产品的生产。另外，应该加强农业环境保护措施，严格控制工业污染源。我国已划出重金属污染防治的“重点区域”，包括内蒙古、江苏、浙江、江西、河南、湖北、湖南、广东、广西、四川、云南、陕西、甘肃、青海等 14 个重点省份和 138 个重点防护区，将对汞、铬、镉、铅、砷等重金属进行重点防控。按照要求，到 2015 年，我国将建立比较完善的重金属污染防治体系、事故应急体系和环境与健康风险评估体系，解决一批损害群众健康的突出问题；基本遏制突发性重金属污染事件高发态势，重点区域重点重金属污染物排放量比 2007 年减少 15%，非重点区域重点重金属污染物排放量不超过 2007 年水平。

第二个源头就是农业投入品，比如农药、肥料、饲料、饲料添加剂、兽药等。举个例子来说，肥料相当于植物的口粮，肥料不合格，我们很难保证植物产品的合格。目前农业投入品的来源比较广泛，应选择一些信誉好、规模大的厂家来保证投入品的质量，从而保证农产品的安全。

其次是科学治理。尽管当前针对重金属的治理很难，但还是有些成效。我国已启动对土壤施加改良剂、控制土壤氧化—还原状况、改变耕作制度、客土深翻等很多措施来防治土壤重金属污染。近年来新兴的一种有效方法是植物修复法，就是在一些受重金属污染严重的土壤里种植那些能强烈吸收重金属的植物。研究证明，蕨类植物蜈蚣草对砷具有很强的超富集功能，它能通过根系吸收土壤中的砷，然后把它们存到叶片中，通过收获植物从而达到清除或减少土壤中砷的目的。蜈蚣草种植已在湖南郴州、云南、广西等地受重金属污染、无法耕种的土地上开展了产业化示范，已经初见成效。还有一种也是修复的能手，它就是堇菜，主要作用是除铅、镉。而且这种植物适应力非常强，南方、北方都能生长。可以预见植物修复法能在重金属污染的防治上起到更大的作用。

五、“背黑锅”的食品添加剂

——食品添加剂不是洪水猛兽

23. 食品添加剂是不是洪水猛兽？

红心鸭蛋、三鹿奶粉、增白面粉……接二连三与食品添加剂有关，或貌似与食品添加剂有关的食品安全事件，让“食品添加剂”成为一个流行词汇，许多人谈之色变，对任何食品添加剂乃至现代食品工业充满了敌意。必须明确的是，食品添加剂与非食用物质或非法添加物是完全不同的两个概念。食品添加剂是用于改善食物品质、口感用的可食用物质，而非食用物质是禁止使用和向食品中添加的。三聚氰胺、苏丹红、孔雀石绿等根本就不是食品添加剂。这些物质出现在食品中，是被不法生产者非法添加进去的。公众的恐慌，从一定程度上是因为概念上的混淆，将食品添加剂与食品中添加的非食用物质统称为“添加剂”，食品添加剂被妖魔化，而人们对新生事物又有着本能的不安。

(1) 食品添加剂到底是什么?

“食品添加剂”是一个非常广泛的概念，包括所有加到食物中起到特定作用的少量成分。我们每天接触的盐、糖、醋等等，也属于食品添加剂。不过，通常人们说起这个词，更多地是指一些不常用尤其是合成的原料。出于对工业产品的抵触，对于“食品添加剂”也就疑虑远远多于肯定。

在食品加工中，尤其是现代社会越来越多的配方食品中，经常遇到各种各样的缺陷。为了克服这些缺陷，就要进行一些特殊处理，或者使用一些添加剂。比如果汁，我们希望它能够存放更长的时间且不分层，就需要加入增稠剂提高黏度；酸奶和冰激淋，我们希望有各种口味，就需要加入各种香精；而为了获得与口味相对应的色彩，就需要加入各种色素，比如黄色配以柠檬味，而红色则伴随着草莓味……正是不同的添加剂和不同生产条件的组合，我们才有了各种各样琳琅满目的食品。否则，酸奶永远是白色而且只有酸味；冰激淋和蛋糕也不会有那么多的“艺术造型”。可以说，适当的食品添加剂是现代食品的重要组成部分。

食品添加剂也并非一定是合成材料，有许多来源于天然动植物或者细菌。比如增稠剂，通常是藻类、植物纤维，或者细菌分泌物中提取而来。它们通常是一些多糖，溶解到水中可以大大增加黏度。增稠的液体类食物不容易分层，看起来更均匀，吃起来也往往有更好的口感。许多色素、香精，还有作为乳化剂的卵磷脂也是来自于植物。一般而言，小分子添加剂，比如乳化剂、防腐剂、酸、碱、消泡剂、糖替代品，以及一些香精等等更容易通过化学合成得到。还有一些添加剂是通过工业生产的天然产物，比如味精，就是用工业发酵的方法让细菌合成的氨基酸。

(2) 食品添加剂安全吗?

多数人会习惯性追逐“天然产品”，而反感合成添加剂。从安全性的角度说，天然产物并不意味着完全。因为动物、植物的进化并非为了成为人类的“完美”食物。无论是天然的还是合成的，都只有经过严格可靠的检验才能证实安全与否。与合成产物相比，天然产物的组成更加复杂，不同批次之间的稳定性也要差一些，所以检验天然产物的安全性甚至更为困难。因为缺乏检验，经常给人一种“天然就是安全”的错觉。“天然提取物”还是“工业合成品”，并不与“安全”或“有害”等价。

对于添加剂而言，最关键的是前面冠以的“食品”二字。要实现增稠、染色、香味、乳化、消泡等等各种食物中需要的功能，有无数的物质可以做到。但是，只有一小部分能够通过检验而被允许用到食品中。

首先，实现的功能必须是正当而且有益的，比如可可奶要增稠，是为了避免可可颗粒沉淀并且获得更好的口感，就是正当而合理的；但是往牛奶里加入三聚氰胺只是为了骗取一个虚假的“高蛋白含量”，不管三聚氰胺有毒无毒都是不正当的。

其次，必须是经过检验对人体无害的，比如要往冰激淋里加乳化剂，蛋白质、卵磷脂都可以，但是洗衣粉就不行。这里的“无害”必须是经过科学检测的“无害”，而不是没有经过检验“不知道有没有害”的“无害”。

第三，即使是可以作为食品添加剂的物质，也必须是符合“食品等级”生产流程的。盐酸、醋酸、烧碱、纯碱等等，都可以作为食品添加剂使用，但是用作工业原料的产品里可能含有其他有害成分，也不能用在食品上。

第四，有的添加剂没有用量限制，有的必须严格遵守用量限制。

简单说来，一种物质能否成为添加剂是需要经过多次检测和严格审核的。每一种食品添加剂在获得批准之前，都进行了几乎是人们所能够想到的所有检测。只有各种检测都没有发现问题，才能够成为“食品添加剂”。总体来说，只要是获得批准使用的食品添加剂，只要在正常的使用范围内，是不会对人体有害的。

24. 膨大剂能让西瓜变炸弹吗?

近日，江苏镇江百余亩瓜田就像布下了“地雷阵”，已结满瓜藤的大小西瓜，还没有成熟就一个个“疯狂”地炸裂开来，有的炸得四分五裂，有的炸得像一朵花。人们在寻找原因的时候，又将罪魁祸首的大帽子扣在了植物激素——膨大剂头上。膨大剂究竟有没有这样神奇的“引发爆炸”的能力呢?

膨大剂并不是什么新奇的农药，目前常用的膨大剂的主要成分是氯吡脲，是一种已经广泛应用在猕猴桃、甜瓜等水果上的植物生长调节剂。一般认为，它是通过调节植物体内内源性激素的分泌来发挥作用的：它能促使植物细胞加倍分泌细胞分裂素，增加单位时间内植物细胞分裂的次数；同时，它还能促进生长素的分泌，使细胞长得更大。结果从整体上来看，我们需要的果实就增大了。那西瓜爆裂是否就是膨大剂惹的祸呢?

影响西瓜开裂的因素很多，涉及西瓜的品种、天气、肥料等诸多因素。首先，西瓜的品种会影响到开裂。研究表明，早熟西瓜品种的瓜皮较薄，瓜皮中的细胞比较大，排列也较为疏松，因而使得其瓜皮比晚熟品种缺乏韧性。其次，连续阴雨天之后的暴晒也容易促使西瓜开裂。此外，肥料的使用情况也是重要的影响因素。实验以及种植经验告诉我们，使用过多的氮肥会使西瓜皮容易开裂。这是因为，施用氮肥可以大大提高西瓜的生长速度，但瓜瓤的生长速度要大大快于瓜皮。这样一来，西瓜就容易开裂了。

到目前为止，还没有研究报道，膨大剂跟西瓜的水分代谢有关系，也不可能直接促进西瓜吸水，增加西瓜内的压力。如果没有天气、水分以及肥料等条件的综合影响，膨大剂是很难发挥作用的，不用说让西瓜爆裂，就是让西瓜快速长大都是问题。将爆裂元凶的大帽子扣在膨大剂头上有失公允。

大家更关心的恐怕还是膨大剂的安全性。动物实验的数据，小白鼠口服急性中毒剂量为每千克体重 4 918 毫克。如果长期接触可能会引起体内蛋白质紊乱。不过，通常条件下，膨大剂降解较快，在喷施到植物上 24 小时后就有 60%发生降解。即使进入动物体内后，膨大剂也不会赖着不走，实验老鼠吃下去的膨大剂在 7 天后只有 2%存在于老鼠体内。从目前的实验结果来看，膨大剂还算安全。至今还没有因接触膨大剂致癌的报道。对于西瓜而言，用 30 毫克/千克浓度的膨大剂溶液浸泡幼果，40 天后瓜皮上的残留量低于 0.005 毫克/千克，低于我国规定浓度（0.01 毫克/千克）。正常使用是不会带来健康危害的。

总而言之，西瓜爆裂是受多方面因素的影响。膨大剂不是炸药，也不是毒药，把所有问题都推在它身上是不公正的，并且膨大剂的剂量在允许范围内时，并不会伤害人体健康。

25. “潜伏”在食品添加剂中的非法添加物“苏丹红”

国人对苏丹红的关注来源于红心鸭蛋的非法“增红”。2005 年，苏丹红在英国也引起过恐慌，后来还扩散到了其他许多国家。这场恐慌来源于辣椒粉的“染色”。苏丹红的恐慌甚至引起了苏丹政府的不满，认为苏丹红影响了他们的国家声誉，要求更改“苏丹红”这个名字。

(1) 苏丹红，到底是什么东西，为什么能让世界都不安?

苏丹红在自然界中并不存在，它是一种合成的染料，分子中含有萘环、苯环，还有连在一起的两个氮原子（称为偶氮结构）。苏丹红有四种类型，红心鸭蛋中发现的是苏丹红 1 号。各种类型的苏丹红都不溶于水，溶于油脂、蜡、汽油等溶剂。它在皮革纺织工业上应用广泛，也用于地板等的打蜡。苏丹红能够产生鲜亮的色彩，而且不容易退色。

作为一种化工染料，苏丹红的发明完全不是作为食品添加剂的目的。但是由于它鲜亮的颜色和不易退色的特点，被一些人加到辣椒粉中，从而大大增加了辣椒粉的“卖相”。更有甚者，用苏丹红把其他廉价的粉末染色之后加到辣椒粉中降低成本。

(2) 苏丹红有多毒?

苏丹红含有偶氮结构，在体内分解代谢后会产生苯胺类等致癌物质。较多的实验证实大剂量的苏丹红会明显提高动物的肿瘤发生率。不过，对于苏丹红是否会增加人的肿瘤发生率，则还没有实验证据。所以，国际癌症研究机构把苏丹红列为第三类致癌物，意思是会增加动物罹患肿瘤的风险，但是不清楚在人体中是否也会导致癌症。除了增加癌症发生的风险，也有关于苏丹红导致皮肤过敏和 DNA 损伤的报道。但让人们产生恐慌的红心鸭蛋和染色辣椒粉，其中的苏丹红含量不到有害剂量的万分之一。因此，苏丹红虽有潜在致癌危害，但是那个危害发生的可能性其实非常小。

(3) 苏丹红为什么被禁用?

目前食品中的苏丹红含量远远低于人体的有害剂量。比起吸烟等行为来，食品中的苏丹红可以算得上没什么危害。但是，几乎世界上所有的国家都禁止苏丹红在食品中的使用，原因何在呢?

一种外加成分能否在食品中使用，并不仅仅取决于它的安全风险，还取决于它带来的好处是否不可替代。像苏丹红这样的染料，并不能实质性地提高食品的价值。因为对有害食品的杯弓蛇影，公众总是希望“绝对安全”，所以相关部门在确定哪种物质能被用作食品添加剂时，还是相当保守和谨慎的，哪怕是一点点的风险，也不被接受。于是，苏丹红这么一种完全可以不用的东西，被禁用也就顺理成章了。

26. 是食品添加剂让消费者不安吗?

我国的食品添加剂比发达国家少很多。有关资料显示，目前我国食品添加剂有 23 个类别、2 000多个品种，而美国接近 4 000 多种，日本也比我们多。最为常见的食品添加剂是防腐剂、着色剂、漂白剂、膨松剂、增味剂、营养强化剂等。食品添加剂不仅改善食品的外观和口感、保持和提高食品的营养价值，有利于防止食品变质、增加食品的品种和方便性，还有利于食品加工、适应生产机械化和自动化需要等等好处。可以这么说，没有添加剂就没有现代食品，食品中几乎都有添加剂。

我国的许多食品添加剂标准，比美国、加拿大、WHO和FAO的更严格。食品添加剂的使用需具备三个条件：

第一，必要性。食品加工能不使用尽量不使用，能少使用尽量少使用。

第二，安全性。除了科学实验之外，至少有两个发达国家使用后证明安全可靠的食品添加剂，我国才会给予批准（少数例外，如桂皮等）使用，国外已经使用的添加剂品种，在我国使用也要经过严格的申请和审批。

第三，合法性。凡未被列入GB2760《食品添加剂使用卫生标准》的都是违法的。

食品添加剂的问题，不在于添加剂本身，而在于其使用是否合法。凡是符合GB2760《食品添加剂使用卫生标准》的食品添加剂都是安全的。迄今为止，还没有见到过使用合法的食品添加剂而出问题的报道。

专家告诉您

有一种全世界广泛使用的食品添加剂，大量进入人体会导致高血压。按照目前科学研究的结果，成年人每天的摄入量应该在 6 克以下。但是，绝大多数人的使用量都超过了这个量。换句话说，它比苏丹红对人们的健康影响更大。但是，全世界对于它的使用都没有任何法律上的限制。它是什么呢?

——我们每天离不开的盐!

苏丹红潜在的危害虽然是致癌，但是那个危害发生的可能性实在太小了。而高血压，却实实在在困扰着许多人。更重要的是，每天 6 克的食用量，已经大大小于多数人每天正常饮食的摄入量。也就是说，每个人都可能承受着食盐对健康的危害。为什么不到有害剂量万分之一的苏丹红会被禁用，而影响不少人健康的盐却通行无阻?

是因为一种外加成分能否在食品中使用，并不仅仅取决于它的安全风险，还取决于它带来的好处是否不可替代。像苏丹红这样的成分，并不能实质性地提高食品的价值。所以哪怕是一点点的风险，也不被人们所接受。而盐，除了要靠它来实现体内电解质平衡，更重要的是——没有了它，吃什么都不香了。所以，人们只能“忍受”它的健康风险。

第三篇
农产品质量安全标准

一、不以规矩　不成方圆

——标准的定义和类别

27. 何谓“标准”？

标准是为了在一定的范围内获得最佳秩序，经协商一致制定并由公认机构批准，共同使用的和重复使用的一种规范性文件（GB/T 20000.1—2002《标准化工作指南 第1部分：标准化和相关活动的通用词汇》中对标准的定义）。

(1) 在电视新闻上常常听到“按国家标准执行”，什么是国家标准？我国标准是怎样分类的？

①国家标准是由国务院标准化行政主管部门编制计划，组织草拟，统一审批、编号、发布的标准。

②根据标准适用范围和审批权限的不同，通常把标准划分为国家标准、行业标准、企业标准和地方标准；根据标准化对象的不同，可以将标准划分为技术标准、管理标准、工作标准；根据性质的差异，标准还可以分为强制性标准和推荐性标准。

(2) 如何区别国家标准、行业标准、企业标准和地方标准？

对需要在全国范围内统一的技术要求，应当制定国家标准，国家标准由国务院标准化行政主管部门制定，在标准文本中体现的标志如下：

ICS 01.120
A 00

GB

中华人民共和国国家标准

对没有国家标准而又需要在全国某个行业范围内统一的技术要求，可以制定行业标准，行业标准由国务院有关行政主管部门制定，并报国务院标准化行政主管部门备案。在公布国家标准之后，该项行业标准即行废止。行业标准在标准文本中体现的标志如下：

ICS 67.140.20
B 35

NY

中华人民共和国农业行业标准

对没有国家标准和行业标准，又需要在省、自治区、直辖市范围内统一的工业产品的安全、卫生要求，可以制定地方标准，地方标准由省、自治区、直辖市标准化行政主管部门制定，并报国务院标准化行政主管部门和国务院有关行政主管部门备案，在公布国家标准或者行业标准之后，该项地方标准即行废止。地方标准在标准文本中体现的标志如下：

DB41

河　南　省　地　方　标　准

ICS 03.080.30
Y 04
备案号：26835-2010

DB11

北　京　市　地　方　标　准

对企业生产的产品没有国家标准和行业标准的，应当制定企业标准，作为组织生产的依据，企业的产品标准须报当地政府标准化或者行业标准的，国家鼓励企业制定严于国家标准或者行业标准的企业标准，在企业内部适用。企业标准在标准文本中体现的标志如下：

Q/BBD　Q/ZSD Q/HJN

读者提问

地方标准与国家标准不一致时，该怎么办?

国家标准与地方标准不一致时，一般有两种情况：1.当国家标准和地方标准冲突时，地方标准无效，应服从国家标准；2.国家标准和地方标准不冲突时，一般来说地方标准会严格于国家标准，此时应服从地方标准。总的来说，国家标准是基础标准，其他标准均应该以国家标准为基础，而严格于国家标准。

(3) 我们平时看到一些颁布的标准，上面有类似“GB”、“NY”这样的代号，这些代号都代表了什么？其他类别标准的代号又是什么呢？

为了区分不同类别的标准，我国标准化管理部门规定了各类标准的代号，“GB”就是国家标准的代号（“国标”汉语拼音首字母），“NY”属于农业行业标准代号。各行业标准的归口部门可向国务院标准化行政主管部门提出申请报告，国务院标准化行政部门审查确定并公布标准代号。目前主要公布的行业标准代号如下表：

序号	行业标准代号及名称（按汉语拼音字母顺序排列）
B	BB包装
C	CB船舶 CH测绘 CJ城镇建设 CY新闻出版
D	DA档案 DB地震 DL电力 DZ地质矿产
E	EJ核工业
F	FZ 纺织
G	GA公共安全 GY广播电影电视
H	HB航空 HG化工 HJ环境保护 HS海关 HY海洋
J	JB机械 JC建材 JG建筑工业 JR金融 JT交通 JY教育
L	LB旅游 LD劳动和劳动安全 LY林业 LS粮食
M	MH民用航空 MT 煤炭 MZ民政
N	NY农业
Q	QB 轻工 QC 汽车 QJ航天 QX气象
S	SB商业 SC水产 SH石油化工 SJ电子 SL水利 SN商检 SY石油天然气
T	TB铁路运输 TD土地管理 TY体育
W	WB物资 WH文化 WJ兵工用品 WM外经贸 WS卫生
X	XB稀土
Y	YB黑色冶金 YC烟草 YD通信 YS有色冶金 YY医药 YZ邮政

地方标准的代号由汉语拼音“DB”加上省、自治区、直辖市行政区划代码前两位数字再加斜线组成。例如，北京市地方标准的代号为：“DB 11”和“DB 11/T”。

我国各省、自治区、直辖市的代码前二位数字分别为：

区域名称	代码	区域名称	代码	区域名称	代码
北京市	11	安徽省	34	贵州省	52
天津市	12	福建省	35	云南省	53
河北省	13	江西省	36	西藏自治区	54
山西省	14	山东省	37	重庆市	55
内蒙古自治区	15	河南省	41	陕西省	61
辽宁省	21	湖北省	42	甘肃省	62
吉林省	22	湖南省	43	青海省	63
黑龙江省	23	广东省	44	宁夏回族自治区	64
上海市	31	广西壮族自治区	45	新疆维吾尔自治区	65
江苏省	32	海南省	46	台湾	71
浙江省	33	四川省	51		

(4) 技术标准、管理标准、工作标准从字面上理解挺难区分的，它们各自的定义是怎样的?

技术标准是对标准化领域中需要协调统一的技术事项所制定的标准，包括设计技术标准、产品标准、采购技术标准等（在企业中，技术标准的形式可以是标准、规范、规程、守则、操作卡、作业指导书等）；管理标准是对标准化领域中需要协调统一的管理事项所制定的标准，主要指在管理活动中，所涉及的经营管理、质量管理、设备与基础设施管理、人力资源管理、安全管理、职业健康管理、环境管理、信息管理等与技术标准相关联的重复性事务和概念；工作标准是标准化领域中需要协调统一的工作事项所制定的标准，是对工作的责任、权利、范围、质量要求、程序、效果、检查方法、考核办法所制定的标准。

（5）在我国，强制性标准是指哪些标准？推荐性标准又是怎么定义的？

①强制性标准是指保障人体健康及人身财产安全的或者法律、行政法规规定强制执行的标准，可分为全文强制和部分条款强制。我国强制性标准的执行范围如下：有关国家安全的技术要求；保障人体健康和人身、财产安全的要求；产品及产品生产、储运和使用中的安全、卫生、环境保护、电磁兼容等技术要求；工程建设的质量、安全、卫生、环境保护要求及国家需要控制的工程建设的其他要求；污染物排放限值和环境质量要求；保护动植物生命安全和健康的要求；防止欺骗、保护消费者利益的要求；国家需要控制的重要产品的技术要求。

②推荐性标准是指国家鼓励自愿采用的具有指

导作用而又不宜强制执行的标准，即标准所规定的技术内容和要求具有普遍指导作用，允许使用单位结合自己的时间情况，灵活加以选用。为了防止企业利用标准欺骗消费者，要求采用低于推荐性标准的企业标准组织生产的企业在编制企业标准时，在前言中应明确技术指标的差异情况并在产品使用说明中向消费者明示其产品标准水平。推荐性标准必须执行时包括以下情况：法律法规引用的推荐性标准，在法律法规规定的范围内必须执行；强制性标准引用的推荐性标准，在强制性标准适用的范围内必须执行；企业使用的推荐性标准，在企业范围内必须执行；经济合同中引用的推荐性标准，在合同约定的范围内必须执行；在产品或其包装上标注的推荐性标准，则产品必须符合；获得认证并标示认证标志销售的产品，必须符合认证标准。

(6) 随着老百姓生活水平的提高，“食品安全”问题越来越受到人们的关注，我们国家的食品安全标准包括哪些？

我国食品安全标准主要包括以下内容：

①食品相关产品中的致病性微生物、农药残留、兽药残留、重金属、污染物质以及其他危害人体健康物质的限量规定；

②食品添加剂的品种、使用范围、用量；

③专供婴幼儿的主辅食品的营养成分要求；

④对与食品安全、营养有关的标签、标识、说明书的要求；

⑤与食品安全有关的质量要求；

⑥食品检验方法与规程；

⑦其他需要制定为食品安全标准的内容；

⑧食品中所有的添加剂必须详细列出；

⑨食品生产经营过程的卫生要求。

读者提问

我国的食品安全标准是强制性执行的么?

是的。《中华人民共和国食品安全法实施条例》第三条规定：食品生产经营者应当依照法律、法规和食品安全标准从事生产经营活动，建立健全食品安全管理制度，采取有效管理措施，保证食品安全。食品生产经营者对其生产经营的食品安全负责，对社会和公众负责，承担社会责任。因此，食品安全标准是强制性执行的标准。

(7) 我们村里的企业想制定一个企业标准，请问制定企业标准的范围包括哪些?

企业标准的范围包括：

①企业生产的产品，没有国家标准、行业标准和地方标准而制定的企业产品标准；

②为提高产品质量和促进技术进步，制定的严于国家标准、行业标准或者地方标准的企业标准；

③对国家标准、行业标准的选择或补充的标准；

④设计、采购、工艺、工装、半成品等方面的技术标准；

⑤生产、经营活动中的管理标准和工作标准。

读者提问

企业标准有没有推荐性标准？

没有。推荐性国家标准、行业标准和地方标准，企业一经采用，应严格执行；企业已备案的企业产品标准，也应严格执行，并可以作为标准化行政主管部门对该企业贯彻执行该项标准情况的监督检查依据。因此企业标准中没有推荐性标准。

(8) 我国的标准类别很丰富，那么国际上的标准怎么样？什么是国际标准？

国际标准是指国际标准化组织（ISO）、国际电工委员会（IEC）和国际电信联盟（ITU）所制定的标准以及 ISO 确认并公布的其他国际组织制定的标准。

其中，ISO承认的常见国际标准组织如下：

BIPM——国际计量局（bureau international des poids et mesures）

CAC——国际食品法典委员会（codex alimentarius commission）

FID——国际信息和文献联合会（international federation for information and documentation）

ICC——国际谷物科学和技术协会（international association for cereal science and technology）

IFOAM——国际有机农业联盟（international federation of organic agriculture movement）

ILO——国际劳工组织（international labour office）

ISTA——国际种子检验协会（international seed testing association）

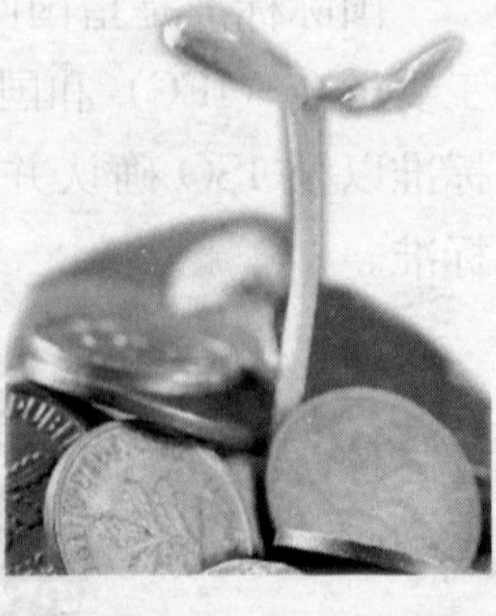

(9) 近年来“绿色壁垒”作为一个热点词经常出现在报刊中，“绿色壁垒”是标准么？其定义是怎样的？怎样理解“绿色”的含义？

①“绿色壁垒”也称为“环境壁垒”，并不单指标准，它是指在国际贸易领域，一些发达国家凭借

其科技优势，以保护环境和人类健康为目的，通过立法，制定繁杂的环保公约、法律、法规和标准、标志等形式对国外商品进行的准入限制。它属于一种新的非关税壁垒形式，已经逐步成为国际贸易政策措施的重要组成部分。

②实际上，在国际文献中并没有“绿色壁垒”一词，“绿色壁垒”可以说是我国自己创造的一个新词，在国际上并没有权威的定义。我国有些学者提出的“绿色”的概念，大多是从发展中国家的经济利益立场提出的，具有一定的片面性。通常而言，绿色壁垒是那些为了保护生态环境而直接或间接采取的限制甚至禁止贸易的措施，应由进出口国为保护本国生态环境和公众健康而设置的各种环境保护措施、法规标准等，是对进出口贸易产生影响的一种技术性贸易壁垒。

(10) 今天在报纸上看到了“无标生产产品”、“无合法标准”和“没有产品标准文本”几个名词，其定义分别是什么？

①下列情况之一者为“无标生产产品”：

1）没有合法的标准。

2）执行的标准内容不完整，依据标准不能全面、准确地判定质量状况的。

3）产品明示的标准与产品实际执行标准不一致的。

4）不按标准组织生产、检验的。

5）出口转内销无标准的产品。

6）经省级以上标准化行政主管部门界定为无标生产的。

②下列情况之一者为“无合法标准”：

1）企业产品标准未按程序备案的；

2）没有产品标准文本的；

3）不执行现行强制性国家标准、行业标准和地方标准的；

4）执行作废标准的；

5）新产品批量投产没有标准的。

③企业在下列情况之一者视为“没有产品标准文本”：

1）按有关法律、法规的规定应当制定企业产品标准而未制定的；

2）以国家标准、行业标准或地方标准的检验方法、试验方法等标准代替产品标准的；

3）虽有产品标准，却提供不出有效版本的标准文本的。

28. 不遵循标准会有怎样的后果？

标准一旦颁布实施，在一定范围内就成为共同遵守的准则，是不得违反的，否则必须承担一定的责任。

（1）违反强制性标准要承担以下法律责任：

《中华人民共和国标准化法》（以下简称《标准化法》）实施条例第三十三条规定：生产不符合强制性标准的产品的，应当责令其停止生产，并没收产品，监督销毁或作必要技术处理；处以该批产品货值金额百分之二十至百分之五十的罚款；对有关责任者处以五千元以下罚款。

销售不符合强制性标准的商品的，应当责令其停止销售，并限期追回已售出的商品，监督销毁或作必要技术处理；没收违法所得；处以该批产品货值金额百分之十至百分之二十的罚款；对有关责任者处以五千元以下罚款。

进口不符合强制性标准的产品的，应当封存并没收该产品，监督销毁或作必要技术处理；处以进口产品货值金额百分之二十至百分之五十的罚款；对有关责任者给予行政处分，并可处以五千元以下罚款。

第三十四条规定：生产、销售、进口不符合强制性标准的产品，造成严重后果，构成犯罪的，由司法机关依法追究直接责任人员的刑事责任。

（2）标准制定的目的就是为了保证消费安全吗？

标准的制定不仅仅是为了保证消费安全，还涉及满足贸易需求等目的。编制任何一项标准，不可能也不必要把所有相关技术内容都写入标准，要依据所确立的目的来选择标准规定的内容。

①以健康、安全、环保等为目的。健康、安全、环保等方面的内容在我国标准体系中一般划入强制性标准范围。这些内容在WTO/TBT协议中是属于技术法规的内容，可强制执行。除此之外，还允许各国家根据自己的地理、气候、生产能力等情况制定各自的技术法规或标准。制定这些标准时仍然要注意与国际上通行的标准尽量一致。

②以满足贸易需求为目的。为贸易服务、满足贸易的需求是当前标准化工作的一项主要任务。市场经济环境下，生产企业最需要了解的是市场的需求，市场也最需要用标准进行规范。因此，在制定标准时就应考虑如何从技术角度支撑合同，如何保护消费者的安全使用等问题来满足贸易的需求。

③以产品适用性为目的。以产品标准为例，产品标准化的目的是为了有效提高产品的质量，满足各方面的使用要求，保证产品的适用性，使产品具有更强的竞争力。因而，增强产品的适用性是制定标准的重要目的之一。

④以互换性、兼容性等为目的。在实践中要解决如某种农产品规范种植方法等问题，需要事先有个共同遵守的约定，这样才能保证产品的正常使用或者降低使用成本，如果产品不注意互换性、兼容

性等问题，其生产、使用成本将会很高或无法使用，因此需要制定标准来规范。

以上几个方面都说明了标准的制定有很强的目的性，而这也是制定标准的原则，不仅仅局限于为了保证消费安全。

29. 标准的“标准”是什么？

标准是一种用于规范的文件，而要规范标准则必须遵从一定的制定程序。

(1) 我国的食品安全标准制定程序是怎样的?

我国食品安全标准的制定一般包括以下几个步骤：

①制定标准研制计划。国务院有关部门以及任何公民、法人、行业协会或者其他组织均可提出制定或者修订食品安全国家标准立项建议。国务院卫生行政部门会同国务院农业行政、质量监督、工商行政管理局和国家食品药品监督管理以及国务院商务、工业和信息化等部门制定食品安全国家标准规划及其实施计划，并公开征求意见。国务院卫生行政部门对审查通过的立项建议纳入食品安全国家标准制定或者修订规划、年度计划。

②确定起草单位及草案。国务院卫生行政部门应当选择具备相应技术能力的单位起草食品安全国家标准草案。提倡由研究机构、教育机构、学术团

体、行业协会等单位共同起草食品安全国家标准草案。标准起草单位的确定应当采用招标或者指定等形式，择优落实。一旦按照标准研制项目确定标准起草单位后，标准研制者应该组成研制小组或者写作组按照标准执行计划完成标准的起草工作。标准制定过程中，既要充分考虑食用农产品风险评估结果及相关的国际标准，也要充分考虑国情，注重标准的可操作性。食品中农药残留、兽药残留的限量规定及其检验方法与规程由国务院卫生行政部门、国务院农业行政部门制定。

③征求意见。标准草案制定出来以后，国务院卫生行政部门应当将食品安全国家标准草案向社会公布，公开征求意见。完成征求意见后，标准研制者应当根据征求的意见进行修改，形成标准送审稿，提交食品安全国家标准审评委员会审查。该委员会由卫生部负责组织，按照有关规定定期召开食品安全国家标准审评委员会，对送审标准的科学性、实用性、合理性、可行性等多方面进行审查。委员会由来自于不同部门的医学、农业、食品、营养等方面的专家以及国务院有关部门的代表组成。行业协会、食品生产经营企业及社会团体可以参加标准审查会议。

④标准的批准与发布。食品安全国家标准审评委员会审查通过的标准，一般情况下，涉及国际贸

易的标准还应履行向世界贸易组织通报的义务，最终由国务院标准化行政部门提供国家标准编号、国务院卫生行政部门批准公布。食品中农药残留限量及检验方法与规程由国务院卫生行政部门会同国务院农业行政部门共同发布，食品中兽药残留限量及检验方法与规程由国务院农业行政部门会同国务院卫生行政部门共同发布。

⑤标准的追踪与评价。标准实施后，国务院卫生行政部门和省、自治区、直辖市人民政府卫生行政部门应当会同同级农业行政、质量监督、工商行政管理、食品药品监督管理、商务、工业和信息化等部门，对食品安全国家标准和食品安全地方标准的执行情况分别进行跟踪评价，并应当根据评价结果适时组织修订食品安全标准。国务院和省、自治区、直辖市人民政府的农业行政、质量监督、工商行政管理、食品药品监督管理、商务、工业和信息化等部门应当收集、汇总食品安全标准在执行过程中存在的问题，并及时向同级卫生行政部门通报。食品生产经营者、食品行业协会发现食品安全标准在执行过程中存在问题的，应当立即向食品安全监督管理部门报告。食品安全国家标准审评委员会也应当根据科学技术和经济发展的需要适时进行复审。标准复审周期一般不超过 5 年。

(2) 我们村的民营企业想制定一个企业标准，请问制定企业标准的一般程序是怎样的?

制定企业标准的一般程序有：

①调查研究，收集资料。起草单位应针对以下方面进行调查研究和收集资料：

——标准化对象的国内外以及本企业的现状和发展方向；

——有关的最新科技成果；

——顾客的要求和期望；

——生产（服务）过程及市场反馈的技术数据、统计资料；

——国际标准、国外先进标准、技术法规和国内相关标准。

②起草标准征求意见稿（标准草案）。对收集到的资料进行整理、分析、对比、选优，必要时应进行试验验证，然后起草标准征求意见稿和编制说明。

③征求意见，形成标准送审稿。将标准征求意见稿发企业内有关部门（必要时发企业外有关单位，特别是用户），征求意见，对返回的意见逐一分析研究，决定取舍后形成标准送审稿、编制说明和征求意见汇总处理表。

④审查标准，形成标准报批稿。标准审查科分别采取会议审查或函审。审查通过后，起草单位应根据审查意见，编写标准报批稿、标准说明。报批

时需呈交的有关文件资料还应有“审查会议纪要”、“意见汇总处理表”等。

⑤批准、发布。企业标准有企业法定代表人或其授权的管理者批准、发布，企业标准化结构编号、公布。作为交货依据的企业产品标准在发布后30天内向有关部门备案。

二、怎样让标准“活”起来？

——标准的实施与应用

30. 怎样让标准做到“物尽其用”？

标准制定发布后，要让标准“活”起来就必须实施。

(1) 什么是标准的实施？怎样对标准实施进行监督检查？

①标准实施是有组织、有计划、有措施地贯彻执行标准的活动，其具体实施方式归纳起来有以下三种：

1）以单项标准或单项标准为中心的贯彻执行；

2）围绕一项或几项工作任务组织标准的贯彻实施；

3）在对用户急需的单件小批的“专用设备”、“非标准设备”的设计、制造过程中，为这些“专用设备”和“非标准设备”多选用一些定型生产的配套产品和零件，并在产品的其他方面尽量符合标准的规定，力争多贯彻一些标准。

②对标准实施监督检查的对象和内容主要是指国家标准、行业标准、地方标准和企业标准的贯彻执行情况，根据其性质不同主要有以下四种形式：

1）依法进行的执法监督。我国《标准化法》规定，县级以上政府标准化行政主管部门负责对标准的实施进行监督检查，对于违反我国《标准化法》的行为，享有行使《标准化法》所规定的各项行政处罚权利；

2）有关行政主管部门的行业监督。各行业主管部门对本部门、本行业内标准实施情况有进行监督检查的责任，这种监督是行政管理的需要；

3）企业自我监督。是生产企业原材料进厂到产品加工、装配、包装入库直至产品出厂为止，在各个生产阶段和工序之间都必须依照标准进行的一种内部监督；

4）社会监督。它是由社会新闻媒介、人民团体社会组织及产品经销者、消费者对标准实施情况进行的一种社会性的群众监督。

(2) 产品没有可依据的产品标准，但有产品的技术条件和说明，请问技术条件、产品说明能否代替标准？

《标准化法》明文规定，在没有国家、行业标准情况下，“产品没有产品标准”属于无标生产行为，应制定相应的产品标准，但技术条件、产品说明不能代替产品标准，原因如下：

①技术条件是对具体产品的技术要求，包括对试验方法、标志、使用说明书、包装、运输、贮存等方面的要求所作的规定。它是产品标准的一种形式，但不是完整的产品标准，它缺少产品的分类和命名等产品标准应有的规范性技术要素。因此技术条件不能代替完整的产品标准；

②产品说明是指生产者向产品的用户提供的一种说明性资料，是向使用者传达如何正确、安全使用产品的信息工具，内容包括产品的有关性能指标、使用方法、包装、保养方法、注意事项以及有关“三包”事项等。产品说明也是生产者向社会表示的质量保证和承诺，但它缺少产品标准中应有的适用范围、产品的实验方法、检验规则等内容。因此，产品说明不能作为产品生产、质量检验、选购验收、使用维护和洽谈贸易的技术依据，所以产品说明不能代替产品标准。

(3) 在标准的实际应用中，常会出现类似“生产技术规程”这样的名词，那么规程也是标准么？怎么区分标准、规范和规程？

规范、规程等都是标准的一种表现形式，因此规程也属于标准。

在实际应用时，标准、规范、规程的出现频率较多，也是人们感到难理解和区分的三个基本术语。实际上，标准、规范、规程都是标准的一种表现形式，习惯上统称为标准，只有针对具体对象才加以区别。当针对产品、方法、符号、概念等基础标准时，一般采用“标准”，如《生活饮用水卫生标准》等；当针对规划、设计等通用的技术事项做出规定时，一般采用“规范”，如：《良好农业规范》等；当针对操作、工艺、管理等专用技术要求时，一般采用“规程”，如：《大白菜栽培技术规程》等。

(4) 现在流行的一句广告语——“某某产品达到国际先进水平”，那么国际上的标准就一定比咱们国家的严格吗?

不是的。国际标准由于其适用范围广泛、通用性强，具有一定的权威性，但国际标准并不一定比我国的标准严格。举以下两个例子来说明：

①以菠菜为例。在农药残留方面，我国菠菜中规定的限量指标与主要贸易国相比，现有指标严于主要贸易国家，我国制定了菠菜中44种农残的最大残留限量，CAC没有制定的有26种，日本没有的农残限量为16种，美国没有规定的有43种，欧盟没有规定的18种，韩国没有规定的有27种。在我国常用农药中，溴氰菊酯、敌百虫、三氟氯氰菊酯规定的残留限量与主要贸易国相比是最严格的，百菌清的限量比日本和欧盟都高，是欧盟的50倍；氰

戊菊酯限量与日本、韩国一致，比欧盟高，辛硫磷是欧盟的5倍。

在重金属和有毒有害物质方面，我国国家标准对菠菜中的铅、镉、汞、无机砷、铬、硒、氟、亚硝酸盐规定的限量分别为0.3毫克/千克，0.2毫克/千克、0.01毫克/千克、0.05毫克/千克、0.5毫克/千克、0.1毫克/千克、1.0毫克/千克、4毫克/千克，其中，汞、无机砷、铬、硒、氟、亚硝酸盐限量CAC和主要贸易国均没有规定。

②以大蒜为例。在重金属方面及有毒有害物质方面，我国国家标准GB 2762《食品中污染物限量》中对大蒜中铅、镉、总汞、无机砷、铬、硒、氟、亚硝酸盐、稀土等9项指标作了限量规定，而CAC仅只对铅和镉有限量要求，日本、韩国、美国等国家均没有对重金属作规定。

由此可见，并不是国际上的标准就一定比咱们国家的严格。

(5) 我国是怎么样采用国际标准的?

我国与国际标准对应的一致性程度分为等同、修改和非等效三种，其中一致性程度为“等同”和“修改”的我国标准被视为采用了国际标准，一致性程度为“非等效”的我国标准不属于采标，仅表明该标准与国际标准有对应关系（相对应的，一致性程度为“等效”的我国标准被视为采用了国际标准）。在《采用国际标准管理办法》中明确规定：采用国际标准是指国际标准的内容，经过分析研究和实验验证，等同或修改转化为我国标准（包括国家标准、行业标准、地方标准和企业标准），并按我国标准审批发布程序审批发布。

采用国际标准方法和一致性程度的对应关系

一致性程度	采用方法	允许差异		
		编辑性修改	文本结构	技术性差异
等同	翻译	有	无	无
修改	重新起草	有	有[a]	有[b]
非等效	重新起草	有	有	有

a. 为了便于比较两个标准之间的内容，或当采用一个以上国际标准时，应列表标识差异。

b. 提供技术性差异的标识和解释。

31. 到哪里找到你，我的标准？

收集标准资料可以通过哪些方法和渠道？如何检索标准？

（1）收集标准的方式，一般有主动采购、相互交换、通过有关标准情报部门复制等方法。

①采购标准的各种渠道收集采购标准时，要了解标准文献的出版发行渠道

主要通过查阅标准目录、标准化刊物、各种书

刊预告及预征订单，向各标准文献出版部门函索。

②掌握各地各个部门的标准馆藏

可以通过县、市、省标准情报研究所（院）逐级询问、索取标准。也可以通过行业标准化归口研究所询问和索取。

③熟悉各类标准目录和标准文献的检索方法

标准目录是将一定范围内的名称和标准编号按一定的编排规则排列而成的，所以它是查找标准的指南和最常用的检索工具书。熟练掌握目录的编排原则和索引方法，是标准收集人员应具备的基本技能。

④掌握标准信息，随时收集

国内外标准化期刊是了解信息的一个重要来源。现期期刊，周期短、内容新、信息传递快，是掌握国内外标准化现状的一种迅速而有效的信息载体，应对此倍加重视。

（2）检索标准，可分为两种情性：

①已经知道所需标准的具体代号时，可以按照标准号到有关部门发行单位购买，或者到标准收藏单位核对其馆藏，如果有馆藏，则可借阅和复制，没有馆藏的，也可以请该单位提供信息。

②希望查找某一方面的标准却不知道具体的标准号时，可以通过必要的检索工具［包括最新的国内外标准目录，标准作废、代替目录（书本式），国

外标准检索光盘，国内外标准文献数据库等〕从主题或分类的角度检索出所需的标准号再按①所述的步骤获取有关标准。

相关链接

推荐检索标准的网站

1.国家标准化管理委员会

http://www.sac.gov.cn/

在其主页可以查询我国标准的最新动态。

2.中华人民共和国卫生部的网站

http://www.moh.gov.cn/publicfiles//business/htmlfiles/wsb/index.htm

在其“卫生标准”板块可以查询我国最新发布实施的标准。

3.中国农业质量标准网

http://www.caqs.gov.cn/

在其标准查询板块可以查询农业部制定的农业国家、行业标准。

32. 标准一旦颁布实施就可以一劳永逸吗？

（1）其实不是，当出现以下情况时，标准是不可以再被使用的：

①已被新标准所代替的旧标准；

②审批单位已宣布废止的标准；

③行业标准在相应的国家标准实施后，自行废止的；

④地方标准在相应的国家标准或行业标准实施后，自行废止的；

⑤企业标准复审期一般不超过三年，到期不进行复审的。

读者提问

新标准在过渡期内，应该执行新标准还是执行旧标准?

新标准在过渡期内，新标准、老标准同时有效，但推荐使用新标准。

（2）我们村里的民营企业制定的企业标准被告知要进行标准复审，标准复审周期有什么规定？标准复审结果有几种?

①《国家标准管理办法》规定：国家标准实施后，应当根据科学技术的发展和经济建设的需要，由该国家标准的主管部门组织有关单位适时进行复审，复审周期一般不超过五年。

《行业标准管理办法》规定：行业标准实施后，应根据科学技术的发展和经济建设的需要适时进行复审；复审周期一般不超过五年，并确定其继续有效、修订或废止。

《企业标准化管理办法》规定：企业标准应定期复审，复审周期一般不超过三年。当有相应国家标准、行业标准和地方标准发布实施后，应及时复审，并确定其继续有效、修订或废止。

②一项复审的标准，在经过有关方面的专家学者对其内容和指标水平等方面进行充分的科学分析、预测和讨论后，得出以下三种主要的复审结果：

1）予以确认。经复审，认为标准技术内容不做修改或仅做编辑性修改仍能符合当前科技水平，适应生产、建设、使用需要的确认其继续有效。

2）修订。经过复审，认为标准主要技术规定需作较大的修改才能适应当前生产、建设、使用的需要和科学技术发展水平的，按照标准制定程序进行修订。

3）废止。经过复审，认为标准的内容已不适应当前经济建设和科技发展的需要，或者已被新的标准所代替，以及无存在必要的标准，应当予以废止。

(3) 认为标准规定不合理，怎么办?

国家标准、行业标准或地方标准中确有不合理的规定和要求，可以向有关标准化归口单位提出修改意见；企业标准中有不合理的规定和要求，应及时组织修订；在新标准批准发布前，仍应严格执行老标准。

第四篇
农产品质量安全监测

三农热点面对面丛书

一、工欲善其事，必先利其器

——浅谈农产品质量安全检验检测体系建设

33. 何谓农产品质量安全检验检测体系？

农产品质量安全检验检测体系建设最初始于20世纪80年代，当时主要侧重于农业生产资料方面的检验检测机构建设，包括化肥、农药、饲料、农机、种子等国家级质检中心和部级质检中心的规划建设。20世纪90年代以后，随着高产、优质、高效农业的提出和发展，农业部部级农产品质量安全检测机构开始规划建设。目前，以农业部部级质检中心为龙头、省级综合质检中心为主体、地市级质检中心为骨干、县级质检站（所）为基础、乡镇（生产基地、批发市场）速测实验室为补充的全国农产品质量安全检验检测体系基本构建形成。国家和农业部部级质检中心通过农业部授权认可和国家计量认证的农产品质量安全检验检测中心有285个。全国省、市、县农业部门已经建立检测机构 1 400 多家，检测项目基本涵盖了主要农产品、农业投入品和农业环境等相关领域，拥有各类检测技术人员近 2 万名。到 2010 年 4 月底，国家已投资建设一个部级研究中心，50 个部级质检中心（包括 37 个专业中心和 13 个区域中心），30 个省级质检中心和 936 个县级站，已经初步形成了布局基本合理、层次比较完整、职能较为明确、专业比较齐全、运行基本正常的农产品质量安全检验检测体系。该体系基本覆盖了主要农产品、产地环境、投入品的检验检测。部级研究中心主要承担技术政策、技术标准的制修订、检测方法研究、部级及省级质检中心的检测能力认定等；部级质检中心承担全国和重点优势区域内主要农产品有关的检测技术研发、检测标准的制定、突发事件的应急检测和开展国际争端的调研，以及省级综合质检中心专业技术人员的培训工作；省级综合质检中心主要负责本省范围内畜牧、水产、种植业农产品的定性、定量检测，负责对本省县级站检测技术人员的培训；县级质检站主要负责本县域范围内的农产品质量安全检测和速测及农业生产技术指导工作。

34. 国家采取了哪些措施提升检验检测能力？

党中央、国务院高度重视农产品质量安全检验检测体系建设，早在 1993 年全国人大审议通过的《农业法》中就明确提出，国家采取措施提高农产品的质量，建立健全农产品质量标准体系和质量检验检测监督体系，按照有关技术规范、操作规程和质量卫生安全标准，组织农产品的生产经营，保障农产品质量安全。“十五”和“十一五”期间，国家都把农产品质量安全检验检测体系作为农业和农村经济发展的重要支撑，加以规划和建设。特别是“十一五”期间，农产品质量安全检验检测体系被列为社会主义新农村重点建设工程之一，并纳入我国国民经济和社会发展第十一个五年规划纲要。2006 年 8 月，国家正式启动实施了《全国农产品质量安全检验检测体系建设规划（2006—2010 年）》（简称“一期规划”），安排专项资金，加大农产品质量安全检验检测体系建设投入，总投资 50 多亿元，建设 1 个部级农产品质量标准与检测技术研究中心、42 个部级专业性农产品质检中心、15 个部级区域性农产品质检中心、36 个省级综合性农产品质检中心、1 200个县级农产品质检站。到 2010 年，国家投资已建设省（部）级、县级农产品质检中心（站、所）1 017个，其中县级农产品质检站建设项目 936 个。经过多年筹划，全国农产品质量安全检验检测体系已初步形成“中央—省—（地市）—县”检测体系。各级质检中心（站）的检测条件显著改善、检测能力迅速提升、监管能力明显增强，全国农产品质量安全水平稳中有升，已为北京奥运会、上海世博会、广州亚运会等国家重大活动及应对突发事件做出了突出贡献。全国农产品质检体系整体上已经形成布局基本合理、层次比较完整、职能较为明确、专业比较齐全、运行基本正常的一个系统，可持续发展能力显著增强。

35. 农产品质量安全监测机构排头兵

在农产品质量安全检验检测体系中，部级质检机构无疑发挥着排头兵的作用。经过近 30 年的建设，部级质检机构从无到有，逐步建设壮大，不断提升检测水平，在检测能力、仪器设备、科研水平和实验室管理等方面均取得了显著进步，作为我国农产品质量安全检验检测体系的龙头骨干力量。我国已有依法设立的农业部级质检机构 273 家，覆盖了我国全部 31 个省、自治区和直辖市，其中数量较为集中的省（直辖市）为北京市、山东省、黑龙江省和广东省。上述质检机构均通过国家计量认证和农业部或国家质检总局的授权认可，具备在授权范围内依法对外开展公正性检测的条件。检测领域涉及农业环境、农业投入品、农业产出品等农业生产全过程。近年来，部级质检机构根据农产品质量安全监管的需要，在保持农业检测特色的前提下，正朝着检测领域多元化和检测方式多样化的方向发展。仪器设备方面，重点配备了液—质—质联用仪等先进设备。2009 年与 2004 年相比，部级质检中心设备资产由 12.7 亿元增加到 20.8 亿元，增幅 64%。

36. 农产品质检机构检验检测能力建设

一期规划实施以来，我国各级质检机构的软硬件条件有了显著提升。

一是实验室规模和基础条件有了明显改善，规划实施前四年，各级质检中心（站）实验室面积由 2004 年的 79.5 万平方米，增加到 2009 年的 100.6 万平方米，增加 26.6%。部分县级质检站根据业务需要重新安排或新建了实验室和业务用房。实验室能够按照检验检测工艺技术要求，配备了一定的给排水、供配电、通风空调和信息网络等设施设备，基本达到洁净、防尘、通风及温湿度等实验条件要求。

二是仪器设备的数量和档次有了显著提高，重点配备了与国际先进检测方法和标准接轨的气质联用仪、气—质—质联用仪、液—质—质联用仪等先进设备。县级质检站设备总资产由 2.5 亿元增加到 10.4 亿元，增加了三倍多。

三是检验检测人员队伍不断壮大，全国农产品质检体系各类检测技术人员由 1.96 万名增至 2.3 万名，其中高级技术人员由3 601人增加到4 128人，增幅达14.6%。

随着大量先进设备的装配调试到位，各质检中心（站）对农产品质量的定性定量检测能力显著提升，检测速度迅速提升，检测灵敏度大幅提高，检测结果的误判率显著降低，部分能力已达到国外同类产品检测限的要求，尤其是部分省的县级质检站检测能力从无到有，检测方式从单纯的定性分析扩充到定性和定量分析相结合，检测范围由原来单一的蔬菜产品扩展到果蔬、粮食、油料、畜禽、水产等各类农产品。一期规划项目实施以来，部级质检中心、省级质检中心和县级质检站的授权检测产品数分别达到268个、576个和397个，比建设前分别增长29.2%、34.82%和29.97%，基本覆盖全部农产品。授权参数分别达到223项、688项和100项，分别增长102%、25.05%和116.05%，部级质检中心部分检测参数已与国际接轨，对多菌灵和克百威等农药残留的检测限已达到ppb级（10^{-9}），对盐酸特伦克罗（俗称瘦肉精）、氯霉素和硝基呋喃等兽药残留的检测限已达到ppt级（10^{-12}）；年检测样品数达到8 873个、13 298个和7 626个，分别增长121%、18.94%和81.86%；年出具检测检验报告数分别达到4 962份、6 780份和3 160份，分别增长54.57%、28.66%和411%。

二、农产品质量安全监管的闸门

——农产品质量安全监测

37. 为什么要开展农产品质量安全例行监测？

为了全面、及时、准确地掌握农产品质量安全状况，及时掌控风险隐患，有针对性地加以生产指导和过程控制，自 2001 年国家实施“无公害食品行动计划”开始，农业部即在京、津、沪、深等试点城市开始对蔬菜质量安全和畜产品中“瘦肉精”污染实施例行监测。经过这些年的发展，我国农产品质量安全例行监测工作无论在监测的产品上，还是在监测的地域范围和监测的安全参数上，都有了突破性的进展，已完全制度化，至今农产品质量安全例行监测工作已实施 11 年。该项制度的实施，极大程度上提高了我国农产品质量安全的整体水平，有效地促进了各级部门监管措施的落实，近年来我国因农产品质量安全造成的群死群伤案例极显著减少。

读者提问

我国实施农产品质量安全例行监测工作 11 年来都做了哪些工作?

例行监测抽样的地点既有农产品生产基地，也有农产品批发市场和超市，每次例行监测都依据国家标准制定了统一的监测方案。应当说，我国农产品质量安全例行监测制度设计是科学、合理的，例行监测的结果是客观、有效的，整个例行监测情况能充分反映我国农产品质量安全总体水平。国家层面的农产品质量安全例行监测工作已经扩大到全国 31 个省（自治区、直辖市）的 138 个大中城市，已对蔬菜、水果、食用菌、茶叶、畜禽产品和水产品等 6 大类农产品质量安全实施例行监测。农产品质量安全例行监测，每年实施 4 次。通过对 138 个大中城市的 6 大类农产品的例行监测，基本上可以辐射到 70%以上的农产品生产基地。

读者提问

例行监测制度是我国特有的吗?

农产品质量安全实施例行监测，是国际通行做法。目前绝大多数国家都建立了以政府为主导，通过制定计划，保障专项经费，有效组织实施的例行监测制度。例如，美国在 1926 年开始实施农产品中农药残留监测工作，目前已形成完整、成熟的农药残留监测体系。欧盟 1976 年发布了理事会指令 76 / 895 / EEC《蔬菜水果中农药残留最大限量值规定》，要求各成员国通过随机抽检方式对农产品农药残留状况进行监控，并制定了统一、规范的抽样、分析方法和检测方案。

小贴士

何谓农产品质量安全监督抽查?

农业部门依法组织农产品质量安全检测机构对生产和销售的农产品、可能危及农产品质量安全的农业投入品进行抽样、检验，并对抽查结果进行处理和发布信息的活动。包括定期的监督抽查和不定期的监督抽查。

38. 农产品质量安全监测是解决质量安全问题的万能钥匙吗?

毋庸置疑，完全依靠监测解决不了农产品质量安全的所有问题，但通过监测可以有效促进农产品质量安全监管。农产品质量安全监测工作的实施，促进了农产品质量安全水平的不断提升，保障了农产品消费安全，近年来我国农产品质量安全水平稳步提升，总体状况尚好。同时，农产品质量安全监测推动了监管制度、标准体系、检验检测体系、产品认证体系的建立健全。农业部门组织开展的监测工作，从监测方案、抽样与检测、质量控制、分析汇总、结果通报、检测队伍等环节已形成了一套完整的体系，组织实施与运行良好，已初步建立了监测数据汇总分析和预警机制、质量安全形势会商机制、抽检分离和检打联动机制，为《农产品质量安全法》的颁布实施提供了实践经验和有效保障。监测数据的积累，为制定和修订农产品质量安全标准，应对国外技术性贸易壁垒，开展农产品质量安全风险评估等提供了重要的科学依据。监测工作的开展，推动了检测专业化人才队伍的建设，提升了各级农业质检机构的检测能力。通过监测信息的发布和结果反馈，督促各地落实属地责任，加大例行监测和监督抽查的力度。通过监测，及时发现问题隐患，找准薄弱环节和工作切入点，不断增强风险防范能力，全面加强和改进了各项监管工作。

39. 将农产品质量安全监测制度进行到底

农产品质量安全是生产出来的，而不是检测出来的，切不可就此否定农产品质量安全监测的作用。农产品质量安全监测能将部分抽检不合格的产品拒之消费市场之外，确保消费安全。此外，农产品质量安全监测工作已在全国各地方、各层面展开。我国农产品质量安全监测可追溯到 20 世纪 80 年代末的产品抽检，2001 年农业部启动了“无公害食品行动计划”，2002 年监测工作全面推进，开始实施农药及农药残留监控、兽药及兽药残留监控、饲料和饲料添加剂药物残留及有害物质污染监控、水产品中药物残留监控以及农资打假监控计划，2004 年开始实施水产品质量安全例行监测，2007 年开始实施农产品质量安全监督抽查。至此，已初步形成了农产品质量安全例行监测、农产品质量安全监督抽查、农产品质量安全普查、农药及农药残留监控、兽药及兽药残留监控、饲料及饲料添加剂药物残留及有害物质污染监控、水产品中药物残留监控以及农资打假监控等8类监测计划。其中，例行监测、监督抽查、普查针对蔬菜、畜产品、水产品等主要农产品，在31个省（自治区、直辖市）的大中城市的生产基地、批发市场和超市等环节抽样检测，其他监测计划针对农药、兽药、饲料、化肥、种子等主要农业投入品，在生产和销售环节抽样检测。同时，为落实属地监管责任，各地也积极开展本区域农产品质量安全监测工作，定期向社会发布监测结果。目前，已初步形成了以国家、省级监测为主体，地市、县级监测为基础的农产品质量安全监测网络，势必将监测工作进行到底。

三、农产品质量安全的前哨

——快速检测方法在农产品质量安全中的应用

40. 什么样的方法是快速检测方法？

快速检测方法是指能缩短检测时间，以及在样品制备、实验准备、操作过程和自动化上加以简化的方法。可以从三个方面来体现：一是试验准备简化，使用的试剂或培养基或辅基，如干燥纸片培养基等；二是样品经简化处理后即可测定，或采取先进的样品处理方法，如重金属检测中的微波消解等；三是简单快速和准确的分析方法，能对处理好的样品在很短的时间内测试出结果，如农药检测速测卡等。总之，当试剂采购齐备后，从试剂配制开始，包括样品处理时间内，能够在几分钟或几十分钟内得到检验结果是最理想的，但是这样的方法目前还很少。作为微生物检验，与常规或传统方法相比，能够简化试剂配制的盒子能缩短 1/2 或 1/3 的时间就可以得到检验结构的方法认为就是较快的方法。对于生物分析采用酶联免疫方法，能够在 3～4 小时内得到结果，也是比较快速的检测方法。而且在微生物的快速检测上，很多方法已经很成熟，受到AOAC的认可，并且部分成为国际标准，如ISO方法。在对检测仪的选择上，不排除采用先进的分析仪器。只要条件许可，样品处理和测定能够快速完成即可归纳为快速检测方法之列。

41. 确定快速检测技术有据可循吗？

快速检测技术，必须遵循一个总的原则，即质量、安全、快速、可操作和经济的原则。

（1）质量原则。

快速检测技术保证检测质量，方法成熟、稳定，具有较高的精密度、准确度和良好的选择性，从而确保实验数据和结论的科学性、可信性和重复性。

（2）安全原则。

快速检测技术所使用的方法不应对操作人员造成危害及环境污染或形成安全隐患。

（3）快速原则。

快速检测的对象多为现场检验或大量样品的筛选，这就要求快速检测所使用的检验方法反应速度快、检测效率高。

（4）可操作原则。

由于使用快速检测技术的人员是基层质检部门

深度阅读

兽药残留快速检测法

目前国际上对抗生素和激素类药物残留的检测主要有仪器分析法（包括 HPLC 和 GC-MS）和生物学快速检测法（如：ELISA、RIA、Charm II 等）。而生物学快速检测法由于其操作上的简便、快速以及达到痕量水平的灵敏度等优点，已成为动物产品中兽药残留检测的一种重要手段。尤其是 ELISA（酶联免疫吸附试验）和 Charm II，其操作上的简便、快速和强烈的信噪比、达到纳克水平的灵敏度等优点，其缺陷在于该法会出现假阳性结果，但作为一种快速筛选方法备受技术人员的青睐，在检测部门有着广泛的应用前景。

(1)兽药残留的 ELISA（酶联免疫吸附试验）检测

1）所需仪器设备

酶标仪［常用的有美国的 bio-lab(百乐)，Bio-Tex,芬兰 Labsystem 等，价格在 5 万人民币］、氮气吹干仪、洗板机（不一定要配置，与酶标仪相应，价格在 3 万 ~4 万人民币）、离心机（6 000 克 / 分钟）、均质器、移液器（单道：1 550/ 件，多道：5 000/ 件）、恒温培养箱、固相萃取仪。

2）常用 ELISA 试剂盒

英国朗道（RANDOX）、德国拜发（r-Biopharm）、德国 Riedel-deHaen、荷兰 E-D、美国 NEOGEN、意大利 Tecna 等。

3）检测原理(竞争法)

检测的基础是基于抗原抗体的胶体特性与极性基的吸附作用。抗体的蛋白质（免疫球蛋白），大多数抗原也是蛋白质，在水溶液中都具胶体特性，并带电荷，形成相对稳定的亲水胶体。同时抗原、抗体含有羧基、氨基及肽链等极性基团，当两者由于理化特性相吻合互相吸引而结合后，成为憎水胶体系统。抗原和抗体的相互吸引和结合是依靠下列各种分子间引力所促成：一是库仑吸引力/静电引力，抗原和抗体分子相反电荷的氨基和羧基之间相互吸引而促成；二是范德华引力，由于抗原和抗体分子的外层电子之间相互作用的扰动产生一种引力，引起分子吸引而发生结合，这种作用取决于分子的空间构型；三是氢键结合作用，具—OH、$—NH_2$、—COOH 等亲水基团的抗体和相应的抗原接近时，可形成相对微弱和可逆的氢键桥梁，使得抗原抗体结合；四是疏水作用，抗原抗体分子侧链上的某些氨基酸（如亮氨酸、颉氨酸及苯丙氨酸等）为疏水基团，当抗原抗体分子表面上的这些疏水基团密切接触时可排除水分子，在两者之间产生相互吸引力而发生结合。

4)抗原抗体的结合特性

a.特异性：取决于抗原决定簇的数量、性质和立体构型；抗体 Fab 段的高变区和相应抗原决定簇的结合能力，所以抗原抗体的种类质量直接影响结果。

b.可逆行:结合仅是分子表面的结合,而非共价键的结合,具有相对稳定性但为可逆反应，需要在一定条件下(低pH、冬融、高浓度盐等)，所以缓冲液很重要。

c.最适比例性：两者需具一定的量比关系才发生最强的结合反应。所以抗原抗体的数量也是重要因素。

d.反应具阶段性：受环境中电解质、温度、pH 等因素的影响。所以在 ELISA 实验时各种步骤一定要准确到位。

(2)“瘦肉精”快速检测方法

1)试剂盒法

利用免疫学抗原抗体特异性结合和酶的高效催化作用，通过化学方法将植物辣根过氧化物酶（HRP）与克伦特罗（CL）结合，形成酶偶联克伦特罗。将固相载体上已包被的抗体（羊抗兔 IgG 抗体）与特异性的抗克伦特罗抗体结合，然后加入待测克伦特罗和酶偶联克伦特罗，它们竞争性与克伦特罗抗体结合，洗涤后加底物，根据有色物的变化计量待测克伦特罗量。若待测克伦特罗多，则被结合的酶偶联克伦特罗少，有色物量就少。用目测法或比色法测定样品中的克伦特罗含量，比色的最佳波长为 450 纳米，参比波长应大于 600 纳米。一般只需要几十分钟的时间，只需要简单的仪器设备，目前是生产实践中初筛的主要方法，也已被广大的检验工作者所接受。目前在市场上应用的产品主要来自进口，有的产品，灵敏度可达到 0.01 微克 / 千克。

2)试纸条法

利用免疫学原理，结合先进的胶体金技术，使特异性的抗原抗体反应在试纸上进行。产品在试纸条的“中央判读区”喷有两条隐形的线，上面一条为对照线，下面一条为测试线。操作的时候将试纸条插入经处理的样品液中，反应几分钟，则可以根据两条线颜色的深浅不同而判定检测结果。目前这种技术还不多见，以大连某产品为代表，灵敏度可达到 2 个微克 / 千克，其方便、快速和容易操作等特点越来越受到人们的关注。

(3)“瘦肉精”快速检测方法优势比较

传统的仪器法以其准确为特点至今仍作为仲裁和确认的方法。但是中国检测机构的条件千差万别，农业检测机构更是如此，能具备该条件的实验室少之又少，而且检测成本很高。而我国检测瘦肉精的检测点大多数分布在基层，因此限制了该方法的推广。

试剂盒法通过几年的推广已经被人们所接受，也节约了大量的人力物力，不需要大量的设备投入，作为初筛法正越来越普遍的使用，但该方法仍需要基础的试验设备、熟练的技术人员操作、场地限制，使许多执法部门无法使用，在许多企业的推广也受到了限制。尽管时间很短，但在产品投入市场的环节还显得非常缓慢，和物流速度不相匹配。

试纸条法方便简洁，不需要基本的仪器和熟练的技术要求，不受场地的限制，灵敏度也可满足市场的使用要求，是企业、基层检测机构和市场理想的选择。但其不能定量，只能作为初筛的方法，限制了它在一些检测机构的使用。

的技术人员，因此快速检测所选用的方法其原理可以复杂，但操作必须简单明确，具有基本专业基础知识的人员经过短期培训都可以理解和掌握。

(5) 经济原则。

要求快速检测技术的方法所要求的条件易于达到，以便方法的推广普及。

42. 农药残留快速检测法

国际上用于农药残留快速检测方法种类繁多，其原理主要分为两大类：生化检测法和色谱快速检测法。生化检测法是利用生物体内提取出的某种生化物质进行的生化反应来判断农药残留是否存在以及农药污染情况，在测定时样本无需经过净化或净化比较简单，检测速度快。生化检测法中又以酶抑制法和酶联免疫法应用最为广泛。色谱快速检测法是通过尽可能的简化样品净化步骤直接提取进样测定农药残留的方法。上述快速检测方法在具体应用中可以根据实际情况和方法各自适用范围及优缺点来选择使用。

（1）农药残留快速检测（酶抑制法）**优缺点。**

优点：简单方便，快捷、成本低廉。整个检测过程只需30分钟左右，它可以作为传统仪器分析方法的有益补充，针对市场、农场蔬菜农药残留量进行快速筛选监测，保证上市蔬菜食用的相对安全性。

缺点：

①属定性（半定量）的检测方法，不能按标准判定合格与否；

②目前选用的酶均只能用于蔬菜中有机磷和氨基甲酸酯类农药的残留量检测，不适用于蔬菜中其他类型农药残留的检测；

③对某些种类的蔬菜中农药残留量的检测结果可能出现假阳性或假阴性；

④酶的稳定性较差，质量不能保证；

⑤酶源或酶的种类不同，其灵敏度差异较大，绝大多数灵敏度不能达到国家标准对蔬菜农药残留

限量标准的最低要求，势必造成误判。

(2) 农药残留快速检测酶联免疫法特点。

酶联免疫法是以抗原与抗体的特异性、可逆性结合反应为基础的农药残留检测方法，主要检测方式是采用试剂盒。酶联免疫法具有专一性强、灵敏度高、快速、操作简单等优点。由于受到农药种类繁多、抗体制备难度大（大约50种）、在不能肯定样本中存在农药残留种类时检测有一定的盲目性以及抗体依赖国外进口等影响，酶联免疫法的应用范围受到较大的限制。目前，我国市场上酶联免疫法成品试剂盒依赖从国外进口，农药品种数量有限。

(3) 农药残留色谱快速检测法。

色谱检测法主要步骤为：样本提取后经过严格净化步骤，再用色谱或色谱与质谱联用等技术进行定性、定量测定。仪器检测法则为了保持较高的回收率和灵敏度，必须相应加强前处理，使得样本提取和净化步骤越来越费时。气相色谱快速检测法则通过尽可能的简化净化步骤，提取后直接分析蔬菜和水果中有机磷类农药，提高了检测速度。该方法最大优点是能给出蔬菜和水果中的有机磷类农药的定性、定量结果，提供仲裁依据。方法几乎涵盖在我国登记注册的有机磷类农药品种。

相关链接

农残速测法缘何“执法不严”

在“毒豇豆事件”的报道中，媒体指出，农残速测技术缺点多多：只能作农药残留定性检测，不能作定量检测；只能作粗略检测，武汉用色谱仪器测出每千克零点几毫克的水胺硫磷残留量，海南的农残快速检测根本不能测出；此外，农残快速检测还有很多假性结果。

中国农业科学院标准与检测技术研究所王静研究员给记者解释了酶抑制法的基本原理：酶抑制法是用来检测有机磷类和氨基甲酸酯类农药的方法，这两类农药能够抑制乙酰胆碱酯酶或丁酰胆碱酯酶的活性。人们可以从苍蝇或电鳗的头部等处来提取这种酶。快速抽检时，将蔬菜汁提取出来，加入酶反应液。如果有这两类农药存在，就会对酶产生抑制，使其活性下降，反应溶液的颜色就会有变化，从而得知有农药残留。

但这种方法的局限性很明显。蒋士强是中国仪器仪表学会农业仪器应用技术分会常务副理事长，他表示，酶抑制法早在 1951 年由美国提出，1968 年由加拿大作了改进，我国在 20 世纪 80 年代也着手研发过。但是该方法只能检测有机磷和氨基甲酸酯两类农药，而有机磷和氨基甲酸酯两类农药中包含多种农药，同类而不同种农药的酶抑制率差别很大，所以用统一的抑制率确定农药残留是否超标，必然会产生假阳性或假阴性的漏检。

王静告诉记者，药物交叉反应也会带来复杂情况，此外，葱、姜、蒜等辛辣食品以及一些有颜色的农产品都会对反应结果产生影响。由于这些局限性，一些专家甚至称现在的酶抑制农残速测法是“假警察”、“稻草人”。

蒋士强说：“酶抑制法可说仅适用于基层初检，起警示作用。发现超标现象时，必须用标准方法复测、确证，即使不超标也应按比例抽样，用可靠的方法复测和确证，决不能仅依靠酶抑制法的农残速测仪。对快速检测方法的应用，在《农产品质量安全法》第36条第二款有明确界定。”当前酶抑制法在我国仅是“不得已而采用的速测法”，建议尽快修订应用酶抑制法检测农残的标准。

（摘自：科学时报）

农产品检测提速10倍

一棵白菜的叶子被切成碎末，放在检测机下，1分钟后，一份完整的检测报告产生。日前，两台新型快速农产品质量安全检测车开进了新发地农产品批发市场，对农产品实行24小时检测、追溯，使市场农产品检测抽样数从此前的每天120个增加到1 200个。据悉，这是全国首家农产品批发市场利用流动检测车实行全天候农产品自检。

此次进入新发地的两辆检测车能对蔬菜、水果、肉禽、水产品等8类主要产品的农药残留、有毒有害物质、食品添加剂、细菌总数、生物毒素等50多个安全控制指标进行现场检测。据检测设备提供方负责人介绍，目前传统的实验室检测虽然测试准确且全面，但检测成本高、速度慢，导致市场抽样率低。新型快速检测车选取与人体健康相关度最大的数项指标，进行快速定性测量，对于指标不正常的样本再进行实验室检测，大大提高了检测效率，确保首都农产品供应安全。

（摘自：北京晚报）

43. 快速检测技术路在何方？

检测技术是保护消费者的重要手段，对农产品的快速检测技术显得必需和重要。我国在农药残留、硝酸盐测定、微生物检测等方面取得了一定成就，农药残留快速测定仪不断涌现，使多项食品中有害物质的快速测定成为现实，但与国际先进快速方法相比还存在一定差距。而兽药残留、毒素残留和转基因分析技术上使用的还主要是国外的快速检测产品，如兽药残留试剂盒、亲和层析柱、DNA 提取试剂盒、PCR 反应试剂、DNA 聚合酶、荧光探针等绝大部分是使用国外进口试剂。21 世纪世界性科技革命正在酝酿，各国都在加速技术创新和科技进步。从定性和定量检测技术两方面出发，准确、可靠、方便、快速、经济、安全检测方法是食品质量安全检测的发展方向，尽可能使用检测技术的灵敏度及准确度达到标准限量要求，至少要与标准方法检测结果相当，能在较短的时间内检测大量的样本，还必须具有实际推广应用价值。我国快速检测技术今后发展方向是：对食品安全的关键技术进行攻关，研究开发当前急需的食源性危害快速检测、监测、控制及评价技术。随着我国加入世界贸易组织，食品安全性面临着严峻的形势，迫切的任务是要与国际接轨，一方面用国际先进的快速检测手段完善安全体系，另一方面要迎头赶上，研制具有我国知识产权的先进检测设备和方法，用现代的检测技术装备我国的食品安全管理体系。

四、农产品质量安全监测问题探讨

——农产品质量安全监测困局

44. 农产品质量安全监测抽样代表性问题

农产品有无限的样品，不可承受的成本，注定不可能逐份检测。受制于经费有限，监测工作中的抽样数量、抽样频率不是根据用药情况、以前检出率、生产季节、出栏出售模式等确定，而是人为设定，因此，抽样检测结果缺乏置信度，样本难以全面反映真实情况。作为世界上最大的畜产品、水产品生产国，我国政府每年用于农产品质量安全监测的经费约1亿元左右，远远不能满足监管需要。2005年，欧盟各成员国取样量为每100 000人取样61份，3个欧洲经济区国家取样量达到每100 000人取样107份。按13.28亿人口计算，我国每年残留监测抽样数量应达79.3万个和139.1万个。2009年9月，英国食品标准署农药残留委员会（PRC）发布了英国2008年农药残留监测报告，全年抽样6.06万份样品，涉及4 129种食品（农产品）。监测经费不足已成为制约监测工作深入开展的主要瓶颈，导致抽检品种及数量与发达国家相比明显偏少。同时，没有建立起独立、公正和覆盖全国的抽样网络。现行监测中，各任务承担单位既是抽样人又是检测人，没有实现真正的抽、检分离，既降低了专业检测机构的工作效率，又减少了对样品真实性的制约环节。

45. 农产品质量安全监测类型和层次问题

国家监测层面已有的监测计划中，例行监测、监督抽查、普查和农资打假由农业部农产品质量安全监管局负责，农药及农药残留、兽药及兽药残留、饲料和饲料添加剂药物残留及有害物质污染、水产品中药物残留监控分别由农业部种植业管理司、兽医局、畜牧业司，和渔业局负责。各类监测计划由不同司局分头组织实施，工作相对分散，监测产品和检测参数存在一定程度的交叉和重复。例行监测中抽取的蔬菜、畜产品、水产品以及检测参数，农药及农药残留、兽药及兽药残留、水产品中药物残留监控也有交叉和重复。同时，国家监测与省、市县监测的差别仅表现在两者抽样品种和数量有所不同，监测层次定位比较模糊，易造成人力、物力和资金浪费。

46. 农产品监督抽查应遵循哪些规则？

一是抽查检测应委托符合《农产品质量安全法》规定条件的农产品质量安全检测机构进行，不得向被抽查人收取费用，抽取的样品不得超过国务院农业行政主管部门规定的数量。上级农业行政主管部门监督抽查的农产品，下级农业行政主管部门不得另行重复抽查。

二是农产品生产者、销售者对监督抽查检测结果有异议的，可以自收到检测结果之日起5日内，向组织实施农产品质量安全监督抽查的农业行政主管部门或者其上级农业行政主管部门申请复检。采用国务院农业行政主管部门会同有关部门认定的快速检测方法进行农产品质量安全监督抽查检测，被抽查人对检测结果有异议的，可以自收到检测结果时起4小时内申请复检。复检不得采用快速检测方法。

三是农产品批发市场应当设立或者委托农产品质量安全检测机构，对进场销售的农产品质量安全状况进行抽查检测；发现不符合农产品质量安全标准的，应当要求销售者立即停止销售，并向农业行政主管部门报告。

47. 质检机构为什么不能随意向社会公布检测结果？

农产品质量安全信息发布是一项严肃的工作，信息发布应当遵循有利于加强农产品质量安全监管，有利于维护消费者和生产者的知情权和监督权，有利于市场消费和农业产业的健康发展，遵循“依法科学、准确全面、客观公正、严格程序”的原则。我国《农产品质量安全信息发布管理办法（试行）》中第七条明确规定县级以上地方人民政府农业行政主管部门发布农产品质量安全信息，应当及时通报同级食品安全相关部门和上级主管部门，并书面报所在地省级人民政府农业行政主管部门备案。必要时应当与相关部门会商。发布的信息内容涉及本省（自治区、直辖市）其他地区的，要将有关情况提前通报所涉及地区人民政府农业行政主管部门；涉及外省（自治区、直辖市）的，应当逐级上报至本省（自治区、直辖市）人民政府农业行政主管部门，并由其提前通报所涉及地区的省级人民政府农业行政主管部门。

48. 定量分析与定性分析有什么不一样？

定量分析是依据统计数据，建立数学模型，并用数学模型计算出分析对象的各项指标及其数值的一种方法。定性分析则是主要凭分析者的直觉、经验，凭分析对象过去和现在的延续状况及最新的信息资料，对分析对象的性质、特点、发展变化规律作出判断的一种方法。相比而言，前一种方法更加科学，但需要较高深的数学知识，而后一种方法虽然较为粗糙，但在数据资料不够充分或分析者数学基础较为薄弱时比较适用。定性分析与定量分析应该是统一的，相互补充的；定性分析是定量分析的基本前提，没有定性的定量是一种盲目的、毫无价值的定量；定量分析使定性分析更加科学、准确，它可以促使定性分析得出广泛而深入的结论。

读者提问

既然速测有很多不足，为什么农兽药残留检测不全面采用定量方法?

我国农产品的生产、经营、监管等与西方发达国家不同。我国农产品生产和供给渠道多、数量大、规模小、分散，且法制和自律意识弱，人口与消费人群又众多。我国目前的养殖和种植方面的规模在不断扩大，但是大部分直接食用和食品加工用的农产品仍以分户生产为主。在检测实验室中，依据国家标准和行业标准装备的大型检测仪器有很多优点：精度高、可以定量和定性（确证）分析，但是高昂的价格和较长的耗时及要求较高的使用技能是它的软肋。色谱仪一般每台十几万元，色—质联用仪则需要几十万甚至上百万元，检测一个样品成本从几百元到 2 000 元不等，而且样本提取和净化步骤等前处理比较费时；市场上一台速测仪加配套设备不到 1 万元，从取样到检测只需 10～20 分钟，检测一个样品成本在 2 元左右，对操作人员的技术水平要求也不高。因此，快速检测技术目前在我国仍有重要地位，农兽药残留检测不全面采用定量方法。

读者提问

检测项目为什么不能全面覆盖?

农产品质量安全涉及检测项目繁多，检测项目全覆盖，一是对检测机构能力要求高，需要投入大量的人力、物力和财力进行建设，只有部分单位能达到建设要求，具备条件开展全项的检测机构数量不足。二是样品量大面广，我国是农产品生产和消费大国，规模化种养殖程度不高，难以实施全面检测。三是检测时间长，检测项目全覆盖需要的检测时间周期长，影响农产品的市场流通。四是检测成本高，增加生产成本，降低农业生产收益。因此，检测项目不适宜全面覆盖。

第五篇
农产品质量安全认证

三农热点面对面丛书

一、给农产品穿上“金嫁衣”

——何谓“三品一标”？

49. 什么是“三品一标”？

通常所说的“三品一标”是无公害农产品、绿色食品、有机食品和地理标志农产品。

无公害农产品：是指产地环境，生产过程和产品质量符合国家有关标准和规范的要求，经认证合格获得认证证书并使用无公害农产品标志的未经加工或者初加工品的食用农产品。

绿色食品：是指在无污染的生态环境中种植及全过程标准化生产或加工的农产品，严格控制其有毒有害物质含量，使之符合国家健康安全食品标准，并经专门机构认定，许可使用绿色食品标志商标的无污染的安全、优质、营养类食品。

有机食品：是指来自有机农业生产体系，根据有机农业生产要求和相应标准生产加工，并且通过合法的有机食品认证机构认证的农副产品及其加工品。

地理标志农产品：是指产自特定地域，所具有的质量、声誉或其他特性本质上取决于该产地的自然因素和人文因素，经审核批准以地理名称进行命名的农产品。

读者提问

在食品标签上经常见到“QS”符号，请问是什么意思?

答：QS，是食品“质量安全”（Quality Safety）的英文缩写，带有QS标志的产品说明此产品经过强制性的检验合格，准许进入市场销售。这就是依托食品生产许可证制度的食品质量安全市场准入制度。2004年1月1日起，我国首先在大米、食用植物油、小麦粉、酱油和醋五类食品行业中实行食品质量安全市场准入制度，以确保我国国民的食用安全。QS标志不仅仅用于食品领域，目前，凡获得工业产品生产许可证的商品，都应加印（贴）QS标志，如化妆品等。

50. “三品一标”各有千秋

（1）无公害农产品、绿色食品、有机食品、地理标志产品各自的特点。

①无公害农产品特点。产品质量达到我国普通

农产品和食品标准要求，保障基本安全，满足大众消费；产品以初级食用农产品为主；推行“标准化生产、投入品监管、关键点控制、安全性保障”的技术制度；采取产地认定与产品认证相结合的方式；认证属于公益性事业，不收取费用，实行政府推动的发展机制。

②绿色食品特点。产品质量安全标准整体达到发达国家先进水平，市场定位于国内大中城市和国际市场，满足更高层次的消费；产品以初级农产品为基础、加工农产品为主体；推行“两端监测、过程控制、质量认证、标志管理”的技术制度；采用质量认证与证明商标管理相结合的方式；绿色食品认证以保护农业生态环境、增进消费者健康为基本理念，不以营利为目的，收取一定费用保障事业发展，采取政府推动与市场拉动相结合的发展机制。

③有机食品特点。按照有机农业方式生产，对产品质量安全不作特殊要求，满足特定消费，主要服务于出口贸易；产品以初级和初加工农产品为主；强调常规农业向有机农业转换，推行基本不用化学投入品的技术制度，保护生态环境和生物多样性，维护人与自然的和谐关系；注重生产过程监控，一般不做环境监测和产品检测，一年一认证；按照国际惯例，采取市场化运作。

④地理标志农产品特点。它具有独特的感官和

营养指标，能够保障人体安全的，在特定条件、特定区域生产的一类特色农产品。地理标志农产品包括来自本地区的种植、养殖产品；原材料全部来自本地区或部分来自其他地区，并在本地区按照特定工艺生产和加工的产品。

总体上讲，无公害农产品、绿色食品、有机食品和地理标志农产品既有联系，又有区别。四者都属于安全农产品范畴，是农产品质量安全工作的重要内容。无公害农产品突出安全因素控制；绿色食品既突出安全因素控制，又强调产品优质与营养；有机食品注重对影响生态环境因素的控制，地理标志农产品注重产地自然因素和人文因素对产品的影响，强调特定条件和特定区域，四者相互衔接，互为补充，各有侧重，共同发展。

对于认证农产品这块，国家有几个定位，一是无公害产品，解决百姓米袋子、菜篮子的需求；二是绿色产品，满足更高层次的公众需求；三是有机产品，满足高端人群的需求。四是地理标志农产品，满足人们对产品独特的感官和营养指标的需求。

（2）无公害农产品、绿色食品、有机食品、地理标志农产品之间到底有哪些差别？

无公害农产品、绿色食品、有机食品、地理标志农产品都是指符合一定标准的安全食品，但它们的标准水平、认证体系和生产方式不同。主要区别如下：

①质量标准水平不同。无公害农产品质量标准等同于国内普通食品卫生质量标准，部分指标略高于国内普通食品卫生标准；绿色食品分为AA级和A级，其质量标准参照联合国粮农组织和世界卫生组织食品法典委员会（CAC）标准、欧盟质量安全标准，高于国内同类标准水平；有机食品等效采用欧盟和国际有机运动联盟（IFOAM）的有机农业和产品加工基本标准，其质量标准与AA级绿色食品标准基本相同；地理标志农产品除质量标准水平达到同类产品相关标准外，还具有独特的感官和营养特性。

②认证体系不同。这四类食品都必须经过专门机构认定，许可使用特定的标志，但是认证体系有所不同。无公害农产品认证体系由农业部牵头正在组建，目前部分省、直辖市政府部门已制定了地方认证管理办法，各省、直辖市有不同的标志；绿色食品由中国绿色食品发展中心负责认证。中国绿色食品发展中心在各省、直辖市、自治区及部分计划单列市设立了40个委托管理机构，负责本辖区的有关管理工作，有统一商标的标志在中国内地、香港和日本注册使用；有机食品在国际上一般由政府管理部门审核、批准的民间或私人认证机构认证，全球范围内无统一标志，各国标志呈现出多样化，我

国有代理国外认证机构进行有机认证的组织；农业部负责全国农产品地理标志的登记工作，农业部农产品质量安全中心负责农产品地理标志登记的审查和专家评审工作。省级人民政府农业行政主管部门负责本行政区域内农产品地理标志登记申请的受理和初审工作。农业部设立的农产品地理标志登记专家评审委员会，负责专家评审。

③生产方式不同。无公害农产品生产必须在良好的生态环境条件下，遵守无公害农产品技术规程，可以科学、合理地使用化学合成物；绿色食品生产是将传统农业技术与现代常规农业技术相结合，从选择、改善农业生态环境入手，限量使用限定的化学合成生产资料（A级），或者不使用化学合成的肥料、农药、兽药、饲料添加剂、食品添加剂和其他有害于环境和身体健康的物质（AA级）；有机食品在生产加工过程中绝对禁止使用农药、化肥、激素等人工合成物质，并且不允许使用基因工程技术，突出产品的自然属性；地理标志农产品与同类产品相比，生产过程具有不同点，生产区域仅为通过认证的指定的区域范围。

51. 如何辨认“三品一标”产品的身份？

我国农产品质量安全认证有无公害农产品、绿色食品、有机食品和地理标志农产品四种类型，它们的标志和寓意各有不同。其中标志分别为：

无公害农产品标志　　绿色食品标志

有机食品标志　　农产品地理标志

(1) 无公害农产品标志。

是由麦穗、对勾和无公害农产品字样组成，麦穗代表农产品，对勾表示合格，金色寓意成熟和丰收，绿色象征环保和安全。

无公害农产品是经过农业部农产品质量安全中心认证的，凡是认证的产品在市场上销售时一般要有全国统一的无公害农产品标志。通过查询不但能辨别标志的真伪，而且还能了解认证产品的生产厂家、产品名称、品牌等相关信息。揭开或刮开全国统一的无公害农产品标志，通过标志上的16位防伪数码，用下列查询方式就可以判定是否属于无公害农产品。A. 手机（移动、联通小灵通）短信息查询：将16位防伪数码写成短信内容发送到1066958878。B. 互联网查询：登录http：//www.aqsc.gov.cn在防伪标识查询。

（2）绿色食品标志。

为正圆形图案，图案中的上方为太阳，下方为叶片，中心为蓓蕾，描绘了一幅明媚阳光照耀下的和谐生机，表示绿色食品是出自优良生态环境的安全无污染食品，并提醒人们必须保护环境，改善人与环境的关系，不断地创造自然界的和谐状态和蓬勃的生命力。

绿色食品标志是中国绿色食品发展中心在国家工商行政管理局商标局正式注册的质量证明商标。该商标的专用权受《中华人民共和国商标法》保护，一切假冒伪劣产品使用该标志，均属违法行为，各级工商行政部门均有权依法予以处罚。绿色食品可通过产品包装的四项标注内容来识别绿色食品。即：图形商标、文字商标、绿色食品标志许可使用编号和“经中国绿色食品发展中心许可使用”字样。具体可上网查询：www.greenfood.org.cn。绿色食品标志许可使用编号的含义是：以LB－XX－XX XX

XX XX XX A 为例（X 代表数字）：LB 为标志代码，横线中间的两位数字为产品分类，后面的数字依次 1～2 位为批准年度，3～4 位为批准月份，5～6 位为省份国别，7～10 位为产品序号，A 为产品分级。

(3) 有机食品标志。

由两个同心圆、图案以及中英文文字组成。内圆表示太阳，其中的既像青菜又像绵羊头的图案泛指自然界的动植物；外圆表示地球。整个图案采用绿色，象征着有机产品是真正无污染、符合健康要求的产品以及有机农业给人类带来了优美、清洁的生态环境。

有机食品标志采用人手和叶片为创意元素。我们可以感觉到两种景象：其一是一只手向上扶着一片绿叶，寓意着人类对自然和生命的渴望；其二是两只手一上一下握在一起，将绿叶拟人化为自然的手，寓意人类的生存离不开大自然的呵护，人与自然需要和谐美好的生存关系。有机食品概念的提出正是这种理念的实际应用。人类的食物从自然中获取，人类的活动应尊重自然的规律，这样才能创造一个良好的可持续的发展空间。

该标志是加施于经农业部所属中绿华夏有机食品认证中心认证的产品及其包装上的证明性标识。有机食品标志上的圆形和反白底图的 f 正是有机食品英文——organic food 的头一个字母 of。具体可上网查询 www. ofcc. org. cn。

（4）农产品地理标志。

由中华人民共和国农业部中英文字样、农产品地理标志中英文字样和麦穗、地球、日月图案等元素构成。麦穗代表生命与农产品，同时从整体上看一个地球在宇宙中的运动状态，体现了农产品地理标志和地球、人类共存的内涵。标识的颜色由绿色和橙色组成，绿色象征农业和环保，橙色寓意丰收和成熟。如果要查真伪，请登陆中国农产品质量安全网（http：//www. aqsc. gov. cn/）点击进入“农产品地理标志”，查询产品的真伪。

读者提问

绿色食品与普通食品相比有哪些独特优势?

1.绿色食品强调产品出自最佳生态环境。绿色食品生产从原料产地的生态环境入手，通过对原料产地及其周围的生态环境因子严格监测，判定其是否具备生产绿色食品的基础条件，而不是简单地禁止生产过程中化学物质的使用。

2.绿色食品的产品实行全程质量控制。绿色食品实行“从土地到餐桌”全程质量控制，而不是简单地对最终产品的有害成分含量和卫生指标进行测定，从而在农业和食品生产领域树立了全新的质量观。

3.绿色食品的产品依法实行标志管理。政府授权专门机构管理绿色食品标志，这是一种将技术手段和法律手段有机结合起来的生产组织和管理行为。

二、酒香也怕巷子深

——为什么要进行农产品认证?

52. 什么是认证?

认证是由认证机构证明产品、服务、管理体系符合相关技术规范、相关技术规范的强制性要求或者标准的合格评定活动。简单地说，就是符合一定要求获得某种身份的评定活动。认证的目的是保证产品、服务、管理体系符合特定的要求。认证的主体是认证机构，也就是经国家认证认可监督管理部门批准，并依法取得法人资格，从事批准范围内的合格评定活动的单位（如农业部农产品质量安全中心、中国绿色食品发展中心、中国农机产品质量认证中心)。认证机构与供需双方都不存在行政上的隶属关系和经济上的利害关系，属于第三方性质。认证的合格表示方式是颁发“认证证书”和“认证标志”。

53. 为什么要进行农产品认证？

(1) 从消费者角度来看：

认证标识，是消费者行使选择权的依据。随着人们生活水平的提高，人们不再局限于只是对农产品数量上的需求，而是上升到对产品质量的要求。如何选择优质的农产品，通过什么方式、方法选择，则成为人们一个带有问号的生活题目。

(2) 从监管者角度来看：

认证标识，是监管者的工具和载体。为了维护生产者、经营者和消费者的权益，保障农产品市场秩序规范，建立健全可追溯制度，全面提高农产品质量安全水平更上一台阶，做好认证标识是基础。

(3) 从生产者角度来看：

生产者为了使自己的产品有知名度，有良好的消费者口碑，更具有一定的市场竞争力，从而获得更多的经济效益。那么给自己的产品贴上特别的"标识"，是实现利益尽可能大的最好途径。但生产者同时也在鞭策和敲打自己，消费者和监管部门都在监督着，保证自己的产品质量和贴上的"标识"身份相吻合，就像戴了一道"紧箍咒"随时提醒着自己。

农产品认证，在监管者、消费者和生产者之间犹如架起了一座桥梁，用第三方的力量解决了信息不对称问题，也为彼此的互相监督提供了可能。因此进行农产品认证工作显得尤为重要。

54. 进行农产品认证有什么作用?

开展农产品质量安全认证工作是保证农产品质量安全的重要措施之一，其主要作用有：

(1) 农产品认证是加强农产品质量安全监管的重要措施。

开展农产品质量安全认证，通过对产地环境、农业投入品、生产过程和最终产品进行质量控制，对生产过程中出现的质量安全隐患及时发现和纠正，对上市农产品及时追踪和检查，从而有效地防止质量安全事件的发生。

(2) 农产品认证是促进农产品消费的重要条件。

通过推行认证制度和市场准入制度，发展安全优质农产品生产和流通，有利于发挥市场机制的作用，实现农产品优质优价，使农业发展进入以消费引导生产、靠市场需求拉动产品供给的良性发展轨道。

(3) 农产品认证是推动农业产业化发展的有效途径。

对农产品生产全过程实行质量安全认证，构建“以认证标志为纽带、以龙头企业为主体、以基地建设为依托、以农户参与为基础”的产业一体化发展模式，既是产业组织结构的创新，也是全程质量安全控制的基本组织保障；既有利于强化企业、基地、农户间的联合，促进产销机制创新，又利于培育龙头企业，加快农业产业化进程。

(4) 农产品认证是推进农业标准化进程的关键基础。

"三品"发展实施"从土地到餐桌"全程质量控制的标准化生产模式，推行"环境有监测、操作有规程、生产有记录、产品有检验、上市有标识"的全程标准化生产，有效促进了农业科学技术成果的应用，提高了农产品质量安全水平，实现了农产品质量可追溯，成为农业标准化生产的成功典范。

(5) 农产品认证是扩大农产品出口的有力手段。

推行农产品质量安全认证制度，有利于引导和促进企业增强质量意识，积极采用先进标准，建立健全质量保障体系，加强质量管理，提高产品质量，增强市场竞争力。国家组织实施的质量认证具有较高的权威性，有利于提高产品质量的信誉度。另一方面，农产品质量安全认证制度的建立也为克服国际农产品贸易领域的技术壁垒创造了条件，同时也有利于提高我国农产品市场的准入技术条件。

(6) 农产品认证是实施农业品牌战略的重要措施。

实施品牌战略是增强我国农产品竞争力的必由

之路。打造品牌的基础是建立可靠的质量安全保障制度。认证体系建设必将促进农产品质量安全制度的建设，从而增强消费者对农产品质量安全的信任度。我国农产品质量安全认证制度的建立和发展，将培育出越来越多地被广大消费者认可的知名品牌。

三、怎样获得"三品一标"认证？

——"三品一标"认证的程序

55. 无公害农产品认证

(1) 无公害农产品需要具备哪些条件?

①产地环境符合无公害农产品产地环境的标准要求，区域范围明确，具备一定的生产规模；

②生产过程符合无公害农产品生产技术的标准要求，有相应的专业技术和管理人员，有完善的质量控制措施，并有完整的生产和销售记录档案；

③产品质量符合国家有关标准和规范的要求；

④经认证合格获得认证证书并允许使用无公害农产品标志的未经加工或者初加工的食用农产品。

(2) 如何进行无公害农产品认证?

①省级农业行政主管部门组织完成无公害农产品产地认定（包括产地环境监测），并颁发《无公害农产品产地认定证书》。

②无公害农产品省级工作机构接收《无公害农产

品认证申请书》及上报材料后，审查材料是否齐全、完整，核实材料内容是否真实、准确，生产过程是否有禁用农业投入品使用和投入品使用不规范的行为。

③对无公害农产品定点检测机构进行抽样、检测。

④农业部农产品质量安全中心所属专业认证分中心对省级工作机构提交的初审情况和相关申请资料进行复查，对生产过程控制措施的可行性、生产记录档案和产品《检验报告》的符合性进行审查。

⑤农业部农产品质量安全中心根据专业认证分中心审查情况再次进行形式审查，符合要求的组织召开“认证评审专家会”进行最终评审。

⑥农业部农产品质量安全中心颁发无公害农产品证书，核发无公害农产品标志，并报农业部和国家认监委联合公告。

小贴士

无公害蔬菜需要满足哪些条件?

1.农药残留量不超标：无公害蔬菜中不含有禁用的高毒农药，其他农药残留量不超过允许标准。

2.硝酸盐含量不超标：食用蔬菜中硝酸盐含量不超过允许标准，一般控制在 432 毫克 / 千克以下。

3.“三废”（废气、废水、废渣）等有害物质含量不超标：无公害蔬菜必须避免环境污染造成的危害，商品菜中的“三废”和病原生物等有害物质含量不超过标准允许量。

56. 绿色食品认证

(1) 绿色食品需要具备哪些条件？

①产品或产品原料产地必须符合绿色食品生态环境质量标准；

②农作物种植、畜禽饲养、水产养殖及食品加工必须符合绿色食品生产操作规程；

③产品必须符合绿色食品标准；

④产品的包装、贮运必须符合绿色食品包装贮运标准。

(2) 如何进行绿色食品认证？

凡具有绿色食品生产条件的国内企业和个人，出于自愿申请使用绿色食品标志者均可申请绿色食品认证，程序如下：

①申请单位向省级绿色食品发展中心提出书面申请。

②省级绿色食品发展中心收到申请报告后，组织专人到实地进行考察，调查核实申请单位的原料基地的环境状况、产品生产过程中的质量控制情况，并写出考察报告。

③省级绿色食品发展中心委托通过省级以上计量认证的环境监测机构对申请产品的原料基地进行环境质量实地监测，并写出评价报告。

④监测合格的单位按要求认真填写中国绿色食

品发展中心的《绿色食品标志使用申请书》和《企业及生产情况调查表》，连同产品注册商标文本复印件共一式两份，一并报送省级绿色食品发展中心。

⑤省级绿色食品发展中心对以上材料进行初审，然后将初审合格的材料上报中国绿色食品发展中心审核。

⑥中国绿色食品发展中心会同权威的环保机构，对申报材料进行审核。合格者由中心指定的食品监测机构对其申报产品进行抽样，并依据绿色食品质量和卫生标准进行检测；不合格者当年不再受理其申请。

⑦中国绿色食品发展中心对质量和卫生检测合格的产品进行综合审查（含实地核查），并与符合条件的申请人签订《绿色食品标志使用协议书》；同时，企业须按《绿色食品标志设计标准手册》要求，将带有绿色食品标志的包装方案报中国绿色食品发展中心审核，最后由农业部颁发绿色食品标志使用证书及编号，报国家工商行政管理总局备案，同时公告于众。

⑧绿色食品使用证书有效期为 3 年。在此期间，绿色食品生产企业须接受中国绿色食品发展中心委托的监测机构对其产品进行抽检，并履行《绿色食品标志使用协议书》。期满后若欲继续使用绿色食品标志，须于期满前半年重新办理申请手续。

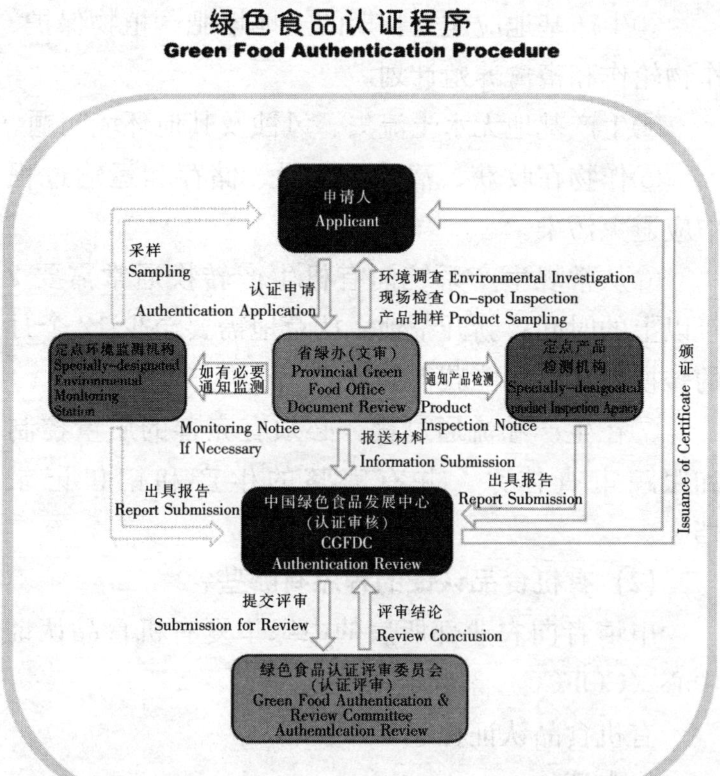

57. 有机食品认证

(1) 有机食品认证的基本要求有哪些?

①生产基地在最近3年内未使用过农药、化肥等违禁物质。

②种子或种苗来自自然界，未经基因工程技术

改造过。

③生产基地应建立长期的土地培肥、植物保护、作物轮作和畜禽养殖计划。

④生产基地无水土流失、风蚀及其他环境问题。

⑤作物在收获、清洁、干燥、储存和运输过程中应避免污染。

⑥从常规生产系统向有机生产转换通常需要2年以上的时间；新开荒地、撂荒地需要至少12个月的转换期才有可能获得颁证。

⑦在生产和流通过程，必须有完善的质量控制和跟踪审查体系，并有完整的生产和销售记录档案。

(2) 有机食品认证的程序有哪些?

申请者向农业部所属的中绿华夏有机食品认证中心（COFCC）索取申请表。

有机食品认证程序

①申请。

1）申请人登陆 www. ofcc. org. cn 下载填写《有机食品认证申请书》和《有机食品认证调查表》，下载《有机食品认证书面资料清单》并按要求准备相关材料。

2）申请人向分中心提交《有机食品认证申请书》、《有机食品认证调查表》以及《有机食品认证书面资料清单》要求的文件。

3）申请人按《有机产品》国家标准第 4 部分的要求，建立本企业的质量管理体系、质量保证体系的技术措施和质量信息追踪及处理体系。

②文件审核。

1）分中心将企业申报材料提交给认证中心。

2）认证中心对申报材料进行文件审核。

3）审核合格，认证中心向企业寄发《受理通知书》、《有机食品认证检查合同》（简称《检查合同》）并同时通知分中心。

4）认证中心根据检查时间和认证收费管理细则，制定初步检查计划和估算认证费用。

5）当审核不合格，认证中心通知申请人且当年不再受理其申请。

6）申请人确认《受理通知书》后，与认证中心签订《检查合同》。

7）根据《检查合同》的要求，申请人交纳相关费用，以保证认证前期工作的正常开展。

③实地检查。

1）企业寄回《检查合同》及缴纳相关费用后，认证中心派出有资质的检查员。

2）检查员应从认证中心或分中心处取得申请人相关资料，依据本准则的要求，对申请人的质量管理体系、生产过程控制体系、追踪体系以及产地、生产、加工、仓储、运输、贸易等进行实地检查评估。

3）必要时，检查员需对土壤、产品抽样，由申请人将样品送指定的质检机构检测。

④编写检查报告。

1）检查员完成检查后，按认证中心要求编写检查报告。

2）检查员在检查完成后两周内将检查报告送达认证中心。

⑤综合审查评估意见。

1）认证中心根据申请人提供的申请表、调查表等相关材料以及检查员的检查报告和样品检验报告等进行综合审查评估，编制颁证评估表。

2）提出评估意见并报技术委员会审议。

⑥颁证决定。

认证决定人员对申请人的基本情况调查表、检查员的检查报告和认证中心的评估意见等材料进行全面审查，做出同意颁证、有条件颁证、有机转换颁证或拒绝颁证的决定。证书有效期为一年。

当申请项目较为复杂（如养殖、渔业、加工等项目）时，或在一段时间内（如 6 个月），召开技术委员会工作会议，对相应项目作出认证决定。

1）同意颁证。申请内容完全符合有机食品标准，颁发有机食品证书。

2）有条件颁证。申请内容基本符合有机食品标准，但某些方面尚需改进，在申请人书面承诺按要求进行改进以后，亦可颁发有机食品证书。

3）有机转换颁证。申请人的基地进入转换期一年以上，并继续实施有机转换计划，颁发有机转换基地证书。从有机转换基地收获的产品，按照有机方式加工，可作为有机转换产品，即“转换期有机食品”销售。

4）拒绝颁证。申请内容达不到有机食品标准要求，技术委员会拒绝颁证，并说明理由。

⑦有机食品标志的使用。

根据证书和《有机食品标志使用管理规则》的要求，签订《有机食品标志使用许可合同》，并办理有机食品商标的使用手续。

⑧保持认证。

1）有机食品认证证书有效期为1年，在新的年度里，COFCC会向获证企业发出《保持认证通知》。

2）获证企业在收到《保持认证通知》后，应按照要求提交认证材料、与联系人沟通确定实地检查时间并及时缴纳相关费用。

3）保持认证的文件审核、实地检查、综合评审、颁证决定的程序同初次认证。

58. 地理标志农产品认证

（1）如何进行地理标志农产品认证？

①申请与受理。农产品地理标志登记申请人为

县级以上地方人民政府根据下列条件择优确定的农民专业合作经济组织、行业协会等组织。

1）具有监督和管理农产品地理标志及其产品的能力；

2）具有为地理标志农产品生产、加工、营销提供指导服务的能力；

3）具有独立承担民事责任的能力。

申请地理标志登记的农产品，应当符合下列条件：

1）称谓由地理区域名称和农产品通用名称构成；

2）产品有独特的品质特性或者特定的生产方式；

3）产品品质和特色主要取决于独特的自然生态环境和人文历史因素；

4）产品有限定的生产区域范围；

5）产地环境、产品质量符合国家强制性技术规范要求。

省级人民政府农业行政主管部门负责本行政区域内农产品地理标志登记申请的受理和初审工作。农业部负责全国农产品地理标志的登记工作，农业部农产品质量安全中心负责农产品地理标志登记的审查和专家评审工作。

②审核与批准。

1）省级人民政府农业行政主管部门自受理农产品地理标志登记申请之日起，应当在45个工作日内完成申请材料的初审和现场核查，并提出初审意见。符合条件的，将申请材料和初审意见报送农业部农产品质量安全中心；不符合条件的，应当在提出初审意见之日起10个工作日内将相关意见和建议通知申请人。

2）农业部农产品质量安全中心应当自收到申请材料和初审意见之日起20个工作日内，对申请材料进行审查，提出审查意见，并组织专家评审。

3）专家评审工作由农产品地理标志登记评审委员会承担。农产品地理标志登记专家评审委员会应当独立做出评审结论，并对评审结论负责。经专家评审通过的，由农业部农产品质量安全中心代表农业部对社会公示。

4）有关单位和个人有异议的，应当自公示截止日起20日内向农业部农产品质量安全中心提出。公示无异议的，由农业部做出登记决定并公告，颁发《中华人民共和国农产品地理标志登记证书》，公布登记产品相关技术规范和标准。

5）专家评审没有通过的，由农业部做出不予登记的决定，书面通知申请人，并说明理由。

读者提问

在农产品农药残留超标、重金属污染等食品安全事件频频曝光的背景下，有机农产品不打农药、不上化肥的优势备受市场青睐，是老百姓最为认可的安全食品。但是，我们也发现，有机农产品在市场上数量较少，价格高昂，如“有机”胡萝卜、马铃薯动辄几十元一千克，让普通工薪阶层不禁感叹“绿色”诚可贵，“有机”价更高。有机食品的生产过程中不能使用任何人工合成物质，这将节约下来大量的化肥、农药等化学投入品的成本，为什么节约了成本，有机食品的价格反而高了呢？

有机食品价格高的原因是：首先，不管是有机种植还是有机养殖，投入的成本都高于普通的种植和养殖。一方面是劳动力的投入，比如有机果园不能够使用农药杀虫，只能够靠人工力量维护；另一方面是，有机肥料和有机饲料的价格及获得成本高于化肥和普通饲料。其次，有机种植和养殖都不使用化肥和含有激素的饲料，使得蔬果产量不如使用化肥的蔬果高，生长周期比使用化肥的蔬果长。家禽因不使用含有激素的饲料，生长速度较慢。此外，有机食品需要经过专业的检测和认证，其中需要高昂的费用，这笔费用也计算在了成本之中。有机食品必须有自己的品牌名称，才能通过检测和认证，流向市场。品牌的价值也是价格高的一个原因。

(2) 申请使用地理标志农产品专用标志的程序有哪些？

符合农产品地理标志登记条件的申请人，可以向省级人民政府农业行政主管部门提出登记申请，并提交下列申请材料：

①登记申请书；

②申请人资质证明；

③产品典型特征特性描述和相应产品品质鉴定报告；

④产地环境条件、生产技术规范和产品质量安全技术规范；

⑤地域范围确定性文件和生产地域分布图；

⑥产品实物样品或者样品图片；

⑦其他必要的说明性或者证明性材料。

四、国外农产品认证模式是怎样的？

——对我国农产品认证模式有什么启示？

59. 发达国家农产品认证模式

我国是一个农产品生产大国，在结合我国国情和借鉴国外农产品认证模式下，摸索出了适合我国国情的农产品认证模式——即“三品一标”认证体系。发达国家也都建立了自己的认证模式，并取得了成功的经验，其中澳大利亚的模式具有更为鲜明的特色，值得我们借鉴。

澳大利亚是个农产品出口大国，农业生产发达。境内地势低平、草原辽阔，具有岛国天然地理优势和政府严格的动植物检疫体系，多年来没有动物源疾病的困扰。完善的农业管理体系、先进的技术措施，使得澳大利亚农牧业和农畜产品加工业发达，被称为“骑在牛羊背上的国家”。澳大利亚政府分为联邦政府和州政府两个层面，《宪法》明确规定了各自的职责分工。具体到农业方面其管理体制是：联邦政府主要负责制定农业税收、贸易、土地及林业自然资源的管理、农业与食品检验检疫政策，以及基本的农产品质量安全标准、技术法规等规范性政策、法令；农产品和食品安全的日常监管具体事务由州一级政府负责。联邦政府层面，有关农产品质量安全管理有两个部门：一是联邦农林渔业部（简称 AFFA），总管全澳农业、林业、渔业产品的生产、加工、流通、市场、投入品使用等方面政策和法规制定以及推动实施，负责农产品的进出口管理；二是澳大利亚检验检疫局（简称 AQIS），归属于联邦农林渔业部，专门负责进出口农产品的检验检疫政策和技术措施的监督执行。州级政府层面（以新南威尔士州为例），主要有 3 个部门。一是基础产业部（简称 NSW），负责州内农业、渔业、矿业等基础产业的生产指导、贸易、安全、科研等事务。另有两所农学院。二是食品安全局（简称 NSW），成立于 2004 年 4 月，是澳大利亚第一家负责农产品从收获到消费者手中全过程食品安全监管的机构，隶属于基础产业部，但相对独立工作。有肉、奶、海产品、贝类 4 个专家委员会。全局公职人员 117 人。三是健康部，出现食品安全事故时，如涉及流行病学调查，由健康部负责。那么澳大利亚农产品认证模式是怎样的呢？

澳大利亚农产品认证体系形式多样，注重本国特点，具有非常鲜明的特色。所有认证均按行业、市场、消费需求设置，突出专业性。很多的认证模式和食品安全项目由行业组织（协会）或大的集团（公司）发起。认证工作大多不发证，只加注、加贴相应标识标志。所有的认证都非常注重生产过程控制的评定和确认。在农产品方面目前受官方认可和生产者、经营者、消费者推崇的成功认证模式有：

(1) 新鲜农产品放心认证（Freshcare）。

由于 HACCP 不适用于种植业生产者，而 EurepGAP（欧盟良好农业操作规范）不易操作，澳大利亚从 2000 年开始，将 HACCP 与 GAP 二者结合，针对澳大利亚农产品生产实际，创立了 Freshcare 认证，这是一套程序简化、易于操作、适合澳大利亚种植业生产特点的认证模式。

(2) 粮食等级认定。

澳大利亚小麦局（AWB）及澳大利亚谷物协会（Grain Corp）对小麦等主要粮食作物产品，根据其大小、水分、营养成分等指标的不同，有严格的分等分级标准。澳大利亚的小麦等粮食产品交易活动都要根据分等分级标准进行定级销售，实现优质优价。

(3) 质量保证（QA）。

是澳大利亚 20 世纪 90 年代初期按照 ISO 9000 标准建立的一套适合农产品生产的质量保证体系。模式很大程度是一个“生产质量保证声明系统”，即生产者声明是否使用违禁药物，缺点是难溯源，但在改变人们质量安全生产观念和全程管理理念方面取得了极大成功。

(4) 畜产品识别追溯系统（简称 NLIS)。

是澳大利亚联邦政府近几年开发的强制性畜产品识别追溯信息采集系统，建有国家数据库，可实现对动物从出生到屠宰及加工、销售全程追溯，被各州和农场主广泛采纳。

(5) AUS - MEAT 标志。

是澳大利亚肉类品质规格管理局（AUS - MEAT）制定的负责统一肉类及牲畜术语，并监管品质保证计划及产品规格的一项推动措施。凡符合指定标准的生产屠宰商户均可标称为 AUS - MEAT 认可屠宰场，认可商户必须正确使用相关术语，实行品质保证计划，遵守屠宰业商业守则，AUS - MEAT 聘请检查专员负责检查和监督商户的执行情况及诚信自律状况。

(6) Meat Standards Australia（MSA)。

是一个牛肉和羊肉的质量标准项目，由澳大利亚肉类畜禽协会（简称 MLA）推动。符合规定标准经审核合格，颁发证书和准予使用标识。获证产品必须标注安全等级和推荐的烹饪方法。

60. 我国农产品认证的启示

虽然我国与澳大利亚的国情、农业政策及对农产品认证的方式不同，但澳大利亚对农产品认证的理念、提升农产品质量安全水平等方面取得的经验，值得我们学习和借鉴。我国将遵守国际通用规则，因地制宜地制定适合本国的农产品认证体系模式。根据我国目前的农产品生产、消费实际和供求关系，适合确立和推行符合我国农产品质量安全水平和发展阶段的农产品认证模式，如坚持无公害农产品、绿色农产品、有机农产品、地理标志农产品“四位一体，整体推进，分类管理，规模发展”的模式和路径。

读者提问

常看到 GAP、HACCP、GMP、SSOP、ISO 这样的符号，请问这些符号代表了什么含义？

GAP、HACCP、GMP、SSOP 等四种符号为农产品（食品）质量安全管理体系认证的代号。GAP：良好农业操作规范，就是对农产品的产前、产中、产后全过程质量进行控制的规范。HACCP：危害分析和关键控制点。GMP：良好生产加工规范，是政府强制性的有关食品生产、加工、包装贮存、运输和销售的卫生要求，以法律、法规、规章或管理文件等形式出现。SSOP：卫生标准操作程序，使食品加工企业为了保证其生产操作达到 GMP 所规定的要求，确保加工过程中消除不良因素，使其所加工的食品符合卫生要求而制定的，指导食品生产加工过程中如何实施清洗、消毒和卫生保持的作业指导性文件。ISO：国际标准化组织，ISO 9000 系列为质量管理体系。

五、安全优质品牌农产品离餐桌有多远？

——可不可以吃的放心点？

61. 我国安全优质品牌农产品发展情况到底如何？

在食品安全事件日益受到关注的当下，公众最关心的还是买什么放心，吃什么安全。对生产周期长、消费需求量大的农产品，大家天天要吃，怎么选择和购买农产品，成为公众最为关心的热门话题。那么我国安全优质品牌农产品发展情况到底如何？

安全优质品牌农产品是一个特定的概念，是指经官方注册的专门机构考核认证的、符合食品安全国家标准或行业标准的农产品。在我国，农业部目前主推的安全优质品牌农产品包括四个品牌产品，即推行全程标准化生产的无公害农产品、绿色食品、有机农产品认证和农产品地理标志，也就是大家常说的“三品一标”产品。经过这些年的发展，我国获得“三品一标”认证的农产品已超过 8 万个，无公害农产品5.7万多个，绿色食品1.7万多个，农业系统认证的有机农产品接近7 000个，登记保护的地域特色地理标志农产品近600个。据统计，已通过认证登记的“三品一标”农产品已超过食用农产品商品量的三成。为保证“三品一标”农产品质量安全水平和市场公信力，农业部门采取了严格的证后监管措施，对认证农产品实行年度例行监测、监督抽查、生产年检、标识督察和检打联动制度，设立了到期复查和淘汰退出机制，建立了质量安全追溯体系，较好地实现了上市认证农产品“生产有记录、流向可追踪、信息可查询”。最近几年的例行监测和监督抽检显示，“三品一标”产品质量安全合格率稳定保持在98%以上。“三品一标”农产品应该成为老百姓心目中安全优质农产品的代名词，让消费者吃的放心。

小贴士

不使用任何农药生产出来的农产品未必是无公害农产品。

无公害农产品是指产地环境、生产过程和产品质量都符合无公害农产品标准的农产品，不是指不使用农药，而是合理使用化肥和农药，在保证产量的同时，确保产地环境安全、产品安全。所以，不使用任何农药生产出来的农产品也不一定是无公害产品。

62. 公众如何选购安全优质的品牌农产品？

消费者在选购农产品时，可以通过查看标识和相关认证证书来识别无公害农产品、绿色食品、有机农产品和地理标志农产品。我国对“三品一标”实施的是官方认证，四类产品都有自己的独特识别标识。按照相关法律法规规定，凡是通过“三品一标”认证的农产品，在包装上市时均应标注相应的质量安全标识和认证机构全称。“三品一标”中的绿色食品、有机农产品（食品）大家可能在选购农产品和食品时好识别，经常能见着标志。无公害农产品和地理标志农产品以鲜活农产品为主，大多数产品上市销售时没有包装，难以标注认证标识，但不少的生产经营者都随产品附有认证证书或认证说明。

小贴士

如何看食品标签?

一、标签的内容是否齐全

所有食品生产者，都必须按照《食品标签通用标准》正确地标注各项内容。

二、标签是否完整

食品标签不得与包装容器分开。食品标签的一切内容，不得在流通环节中变得模糊甚至脱落；必须保证消费者购买和食用时醒目、易于辨认和识读。

三、标签是否规范

食品标签所用文字必须是规范的汉字。可以同时使用汉语拼音，但必须拼写正确，不得大于相应的汉字。可以同时使用少数民族文字或外文，但必须与汉字有严密的对应关系，外文不得大于相应的汉字。食品名称必须在标签的醒目位置，且与净含量排在同一视野内。

四、标签的内容是否真实

食品标签的所有内容，不得以错误的、容易引起误解或欺骗性的方式描述或介绍食品。“错误的”：是指食品标签的设计者由于疏忽或知识的原因在标签上出现的差错。例如：将配料表误标成成分表。“引起误解的”：是指食品标签的内容容易使消费者对食品的真实情况产生错误的联想，从而影响消费者的决策。消费者应对标签的内容进行识别。

结 束 语

我国农产品质量安全生产水平在大幅度提高，标准化生产进程不断加快，质量安全监管工作成效十分显著。从总体上看是安全放心的，消费者尽可以放心食用。从降低可能的风险角度，我们建议消费者要科学掌握安全消费知识，适当调整不当的消费习惯，注意食物结构的多样化，多到大的商场超市购买农产品，尽量购买认证和有标识的农产品，让健康安全时刻伴随着我们。